SHODENSHA
SHINSHO

内向型人間だからうまくいく

カミノユウキ

祥伝社新書

はじめに

内向型プロデューサーのカミノユウキと申します。医療機器メーカーに勤めたあと、現在は内向型プロデューサーとして、内向的な性格を活《い》かすためのコーチングやオンライン講座、イベント、メディアでの情報発信などを行なっています。

私は以前、自分の性格をあまり好きではありませんでした。

私は子どもの頃からあまり社交的ではなく、友人や知人の数は多くありません。初対面の人と話したり、電話でやりとりすることも苦手です。

疲れやすいこともコンプレックスでした。騒々しかったり、人が多い場所に行くと疲れてしまうのです。ちょっとした雑談や電話で集中力が途切れるのも嫌でした。

大学院を卒業して就職すると、私の劣等感に拍車がかかります。会社の先輩や同僚には、私と対照的に、エネルギッシュで社交的な人、つまり外向型人間が少なからずいたからです。彼らは毎日、朝から晩まで予定を詰め込み、たくさんの仕事をマルチタスク（複数の作業を同時に進めること）で進めていました。初対面の人ともすぐに打ち解け、飲み会でも場を盛り上げてくれます。私は、彼らと自分を比べ、つくづく嫌になりました。疲れやすく、たくさんのタスクを同時にこなすことが苦手で、ノリが悪い。

私は外向的な先輩や同僚のように社交的になろう、コミュニケーション力を高めようと努力をはじめました。が、まったくうまくいきません。私は自己嫌悪に陥《おちい》りました。

なぜ内向型人間は外向型人間になろうとしてしまうのか。それは、世の中に出回っている自己啓発本やビジネス書は外向型人間向けのものが多いからです。例えば、実業家の堀江《ほりえ》貴文《たかふみ》さんの『多動力』（幻冬舎）には、「準備にかける時間は無駄である。見切り発車でいい。すぐに始めてしまって、走りながら考えよう」「一晩一〇軒以上をハシゴしろ」などと書かれています。内向型人間はじっくり考えて慎重に行動する人が多いので、見切り発車は苦手です。また、一〇軒もハシゴすれば疲れてしまうでしょう。

自分の性格とは違うタイプの人の真似をしてもうまくいきません。私が自分の性格を嫌い、苦しんできたのは、「外向型であれ」という世間の価値観に流されたからです。しかし、内向型の人間は、内向型らしく生きればよいのです。現に、内向型の強みを活かして成功じた内向型人間は、日本でもたくさんいます。

とはいえ、日本社会では外向型の性格が理想になってしまっているのは間違いありません。そのせいで生きづらさを抱えている内向型人間は、私以外にもたくさんいるはずです。

そこで私は会社を辞め、内向的な性格であることに悩んでいる人を助ける「内向型プロデューサー」として独立しました。

日本ではまだまだ「内向型／外向型」という性格の区分があまり知られていません。そのせいもあって、「外向的に振る舞えない自分」にコンプレックスを抱いている人がたくさんいます。そう、かつての私のように。

しかし私は、自分が内向型であることを知って、自分に自信が持て、楽に生きられるようになりました。私以外の内向型の人々にも、同じように内向型の実態を知ってもらい、自分らしく生きてほしい。そう願って活動しています。

内向型人間についての本は、優れたものがたくさんあります。しかし、欧米人の著者が多く、また、心理学者や脳科学者など研究者が書いていることが多いです。もちろん、それらの本は素晴らしいのですが、ここ日本で内向型の性格に悩んでいる人たちにとっては、少し実感が湧きにくいのも事実です。

そこで私は、自分を含めた多くの具体例を見てきた経験を活かし、現代の日本社会で内向型人間が自信を持ち、強みを活かして楽しく生きるための本を書き下ろしました。それが本書です。

第一章では、外向型がよしとされる社会の中で、どのように内向型人間だと気づいたか、第二章では内向型人間の特徴について、第三章と第四章では、内向型人間が実際にぶつかる壁に対処するための具体的なノウハウをご紹介します。

第五章では内向型の強みを活かす方法を、第六章ではこれまでコーチングやイベントに参加してくださった方の事例を交えた、実践的な内容を記しています。

次ページに、内向型かどうかを調べる三〇項目のチェックリストを掲載します。

もしあなたが内向型人間でも、心配する必要はありません。内向型か外向型かという性格の違いは、社会人で求められる能力とはまったく無関係だからです。内向型でも、外向型でも、有能な方はたくさんいます。

しかし自分の能力を発揮するためには自分の性格を知らなければいけません。自分は何が得意で何が苦手なのかを知れば、強みを活かす生き方も見えてくるはずです。

内向型の性格に悩む方は、ぜひ本書を読んで内向型の性格を強みに変えてください。すると、自分らしい、肩の力を抜いた生き方が見えてくることでしょう。

内向型診断テスト

設問には○か×でお答えください。最後に○の数を合計し、ご自身が内向型か外向型かをご確認ください。

①大人数の輪《わ》の中よりも一対一のほうが話しやすい。
②疲れているときは、友人に会うよりも一人でゆっくり過ごしたい。
③興味のない話題や雑談に付き合うのがとても苦手だ。
④リアクションが薄いと言われたことがある。
⑤楽しかったイベントでも、家に帰ると疲れている。
⑥勢いで行動するよりも、じっくりと考えてから動き出す。
⑦重要な予定があると、そのことで頭がいっぱいになる。
⑧丸一日、一人で過ごす日があったとしても苦ではない。
⑨突発的な質問をされたとき、すぐに答えられずに固まってしまうことがある。

⑩匂い、味、食べ物、天候、騒音などに敏感なほうだ。
⑪普段の口数は少ないが、好きなことや興味のある話題なら饒舌《じょうぜつ》になる。
⑫複数のことを同時にこなすより、一つのことに集中したい。
⑬興味を持てる相手と、興味を持てない相手がはっきりしている。
⑭「冷静」「落ち着いている」と人から言われることがある。
⑮その仕事をやる目的がわからないと、やる気が出ない。
⑯電話が苦手で、できればメールで対応したい。
⑰社交辞令や思っていないお世辞は言いたくない。
⑱無意識に考え事をしていることが多い。
⑲人前でプレゼンをするときは、事前に話す内容をメモしておくことが多い。
⑳人づきあいは「広く浅く」よりも、「狭く深く」のほうが好きだ。
㉑騒がしい場所や他人が近くにいたりすると、集中できない。
㉒相手の気持ちを考えすぎてしまうことがある。
㉓「最近どう？」など、漠然とした質問が苦手。

㉔集中して作業しているときは、話しかけられたくない。
㉕新しい環境や初めて行く場所はいつも緊張する。
㉖話すよりも文章のほうが自分が思っていることを伝えやすい。
㉗高級車や高級時計など見栄のためより自分が納得したものにお金を使いたい。
㉘自分の感情や考えを他人に話すのが苦手。
㉙落ち込んだときは、誰かに相談するよりも一人で考え込むことが多い。
㉚他人より細かい部分に気が付きやすい。

診断結果

二〇～三〇個…内向型人間

外向型が正解だとされる社会の中で、自分らしくあり続けるためには、内向型の本質的な特徴をしっかりと理解することがとても大事です。自分なりのコミュニケーションの方法や、仕事のスキル、疲れをためないコツなどを身につけ、内向型を活かしてください。

一〇～一九個…内向型寄り（一五～一九個）、外向型寄り（一〇～一四個）

内向的と外向的両方の側面を持ち合わせています。〇の数が一五～一九個の方は内向型寄り、一〇～一四個の方は外向型寄りです。一人になりたい日もあれば、友人と騒ぎたい日もあるでしょう。自分がどういうときに内向的／外向的になるのかを把握して、バランスをとることが重要になってくるでしょう。

〇～九個…外向型人間

本書に書いてある内向型の特徴に、ほとんど共感できないかもしれません。しかし、外向型人間であっても一人の時間を作り、考え事をするなど、内向的なスキルを身につけることは無駄ではありません。また、内向型人間について理解することは、あなたの今後の人生の役に立つはずです。

目次

第二章　内向型を知る

第三章　内向型人間が働きやすくなる方法

第四章　人間関係をスムーズにする方法

第五章　内向型を強みにする

〈仕事編〉

第六章　自分を知り、自分を受け入れるために

編集協力 佐藤 喬
イラスト 大野文彰
図表作成 篠 宏行

第一章

内向型の性格は直さなくていい

内向的な性格であることに、悩んではいませんか？

初対面の人や大人数を相手に話すことが苦手だったり、騒がしい場所にいると疲れてしまったり、一人で過ごす時間が好きだったり……。いずれも、内向的な人たちの特徴です。

もし、あなたがこのような内向的な性格の持ち主であったとしても、けっして珍《めずら》しい存在ではありません。およそ三人に一人は内向型の性格であることが研究からわかっているからです。

しかしその一方で、三人に二人は「外向的」な人たちであるのも事実です。彼らはコミュニケーションが得意で判断が早く、マルチタスク（複数の作業を同時にこなすこと）をスピーディーにこなしてしまいます。

そんな外向的な人々に憧《あこが》れたり、「外向的になりたい」と思ってはいませんか？

悩む必要はありません。内向的であることは、まったく弱点ではないからです。

大切なことは、内向型人間の特性をよく理解し、内向型の人々に向いた生き方を実行することです。そうすれば、内向型であることは弱みなどではなく、強みへと変わるでしょう。

内向型の性格は、直さなくていいのです。いえ、直すべきではないのです。

内向型の性格が仕事のストレスになった

そんな私も、かつては内向型であることに悩んでいました。

私は、典型的な内向型人間です。

学生の頃から一人の時間が好きでしたし、初対面の人との雑談は得意ではありませんでした。大学の頃、アルバイトを始めても長く続かないことが多くありました。某ファミリーレストランでは先輩たちが年上ばかりで萎縮してしまい、仲良くなれずに二カ月で辞めました。すでにできあがっている輪の中に入れず、雑談や社交辞令も苦手で先輩たちとの打ち解け方がわからなかったのです。そして、そんな自分があまり好きではなく、社交的になれないことへの罪悪感を抱えて過ごしていました。

しかし、自分の性格についての悩みが本格的に表面化したのは、就職してからです。

私はある医療機器メーカーで営業の人たちを補助する仕事に就《つ》きました。仕事はかなり忙しく、私が担当する数十名の営業の人たちから、「あの資料をまとめてくれ」「このデータが欲しい」など毎日たくさんの依頼が舞い込みます。

手が回らない場合は断る選択肢もありましたし、中には業務の意義がよくわからない依頼もありました。しかし、私は断ったり業務の意義を質問することができず、大量の仕事を抱え込んでしまったのです。

また、電話が苦手であることを強く自覚したのもこの頃でした。私はものごとを熟考するタイプなので、即答が求められる仕事の電話は苦痛だったのです。

電話によって仕事が一時中断し、集中が妨《さまた》げられるのも嫌でした。決して集中力がないわけではないのですが、思考の切り替えに時間がかかるため、電話を終えてもしばらくは仕事に集中できません。

さらには、担当する数十名の営業の社員とのメールのやり取りも大きなストレスでした。メールの送信後に「あんなことを書いて失礼じゃなかったかな」「怒っていないかな」など、思い悩むことがしばしばあったからです。

そんな生活を送るうちに、私は、自分の性格に嫌悪感を抱くようになってしまいました。

外向型が正解とされる日本社会

そこで私は、外向的に振る舞おうと努力をはじめます。今思うと大変な間違いなのですが、ビジネスの世界では、外向的な人間のほうが優秀であり、外向的になることが正解だと考えたからです。

この頃の私のように、「外向型になろう」と思っている内向型人間の方々は少なくないのではないでしょうか。それは、今の世の中に、外向型の人間こそが正解で、内向型の性格はマイナスであるという風潮があるためです。

今の日本社会では、外向型であることが正しいとされています。コミュニケーション能力が高く、さまざまな人とよい関係を築ける外向型の人間が理想で、逆である内向型の性格は、どちらかというと直すべき性格だとされています。「外向的になろう」

といった言葉はよく聞きますが、「内向的になろう」と言っている人に会ったことがありますか？

また、同じように「マルチタスクをこなす能力が大切」「思い立ったらすぐ行動するべきだ」といった風潮も支配的ですが、あとで詳しく述べるように、これらの能力も内向型の性格とは相性が悪いのです。

このように、今の世の中は総じて外向型志向が歓迎されていると言えます。

社内には、私とは違い、外向型の性格を持つ人たちもいました。忙しく仕事をこなしながらも急な電話や部下からの相談にもしっかり対応し、たくさんの案件を素早く同時にこなす人たちです。言うまでもなく人づきあいも上手で、社内外で多くの人に好かれてもいました。

つまり、いわゆる「仕事ができる人」たちです。そんな人たちに憧れるのが普通ですよね。

外向型になるために努力する日々

外向型人間になろうと思った私は、まず、営業の人たちやクライアントの全員と親しくなれるように努めました。仕事に集中している最中に振られた雑談にも付き合うようにしましたし、一人で昼食をとることをやめ、上司や同僚と行くように心掛けました。

もちろん、飲み会を断ることなどありえません。乗り気でなくても、疲れていても必ず参加しましたし、まったく興味が持てない会話にも加わるようにしました。電話への苦手意識は、電話対応が上手な先輩を真似ることで克服しようとしました。他に、コミュニケーション能力を磨《みが》くための本や、話題作りのための雑学の本を買ったりもしました。

自分の感情を押し殺していたといえば、その通りですが、そうすることが正解であると、当時の私は考えていたのです。

しかし、私が変わることはありませんでした。

今思えば当然です。なぜなら、外向型か内向型かは生まれ持った性質であり、簡単に変えられるものではないからです。自分以外の人間になることなど、できるはずがありません。

自分が内向型であることを知った

ところで、その頃の私は「内向型人間」という言葉を知りませんでした。なんとなく、「自分は社交的ではないな」「一人でいる時間が好きだな」と感じてはいたのですが、そういった自分の性質をひとまとめに理解できる内向型人間という概念に出会っていなかったのです。

しかしある日、私はたまたまインターネットで内向型人間についての記事を見つけます。そこには内向型人間の特徴がいくつか挙げられていたのですが、そのすべてが、見事に私に当てはまるではありませんか（内向型の特徴を集めた自己診断リストは八ページにあります）。

私は、自分が内向型人間であることを知りました。と同時に、世の中には私以外にもたくさん、内向型の性格に悩んでいる人がいることも知ったのです。

その後、内向型人間について調べていくと、欧米、特にアメリカでは内向型の性格に関する心理学的な研究が盛んで、さまざまな知見があることもわかってきました。これからご紹介するように、「内向型人間」についてはたくさんの科学的な研究の積み重ねがあるのです。

内向型という分類に出会ったことで得た最大の収穫は、間違いなく「内向型の性格は弱点ではない」ことを知ったことでしょう。内向型の性格は、直す必要はありません。

時代が外向型人間を求めた

そう、内向型の性格は、弱点ではまったくありません。内向型／外向型という区分は、いわば性別のようなもので、どちらがよい・悪いというものではないのです。では、なぜ、今の世の中では外向型人間が正しいとされているのでしょうか？

それは、時代の制約のためです。

インターネットもなく、電話すらなかった時代は、人と人とのコミュニケーションは直接会って行なう場合がほとんどでした。したがって、どんな人とでもすぐにコミュニケーションをとれたり、その場で素早く返答ができるような外向型人間が有利になることが多かったのでしょう。

内向型人間についての著書で知られるアメリカの作家、スーザン・ケインはセールスマンが登場したことが外向型人間の理想化に繋《つな》がった、という意味のことを書いています。商業化が進んだ現代では、多くの見知らぬ人に対して笑顔で振る舞い、たくさんの商品を売るセールスマンの役割が重要になった。したがって外向型の性格がもてはやされるようになった……ということです。もちろん、これはあくまでアメリカのケースですが、「セールスマン型」の性格が価値を持つようになったのは、日本も変わりません。

しかし、時代は変わり、コミュニケーションの手段は多様になりました。会わずにコミュニケーションをとるのは今や当たり前ですし、Eメールのように、必ずしも即答が求められない連絡方法も増えています。オンライン会議やリモートワークなど、顔を合わせずに一緒に仕事をすることさえ可能になりました。時代の変化が、内向型人間の弱点を補《おぎな》ってくれるようになったのです。

内向型人間だけの強み

内向型人間の弱点があまり問題にならなくなっている一方で、内向型人間の強みは、時代が変わっても失われていません。第五章で詳しく述べますが、外向型の人々にはない強みをたくさん持ち合わせているのが内向型人間なのです。

そもそも、読者のみなさんも含め、たくさんの内向型人間が存在していること自体が、内向型の性格が決して弱点ではなく、強みでもあったことを証明しています。もし内向型の性格が純粋に弱点であったならば、進化の流れの中で淘汰《とうた》され、消えてしまったはずだからです。

生物の進化は長い時間をかけ、生存に有利な性質に繋がる遺伝子を広め、逆に不利な遺伝子を少なくするように働きます。キリンの首が伸《の》びたのは、首が長い個体は高い所の木の葉などを食べられるため、生存に有利だったからです。首が短いキリンの遺伝子は、生存に不利だったため淘汰されていきました。

同じように、たくさんの内向型人間が存在するということは、内向型の性格には、生物として有利な点が多くあったということを意味しています。原始時代に思いを馳《は》せてみてください。外向型の人々は集団での狩りに長《た》けていたかもしれませんが、それだけでは人間は生きられません。狩りの道具を作ったり、戦略を立てたり、獲物を加工する人々も必要です。ひょっとすると、内向型の人々は、こういった分野を得意としていたのかもしれません。

これは想像に過ぎませんが、内向型の人々と外向型の人々がうまく分業して社会を維持してきたことは間違いありません。ちなみに、人間以外の生き物にも、内向型／外向型のような個性の違いがあることが確認されています。

たとえば観賞魚として有名なグッピーは一つの種ですが、天敵が多い場所に多い慎重なタイプのグッピーと、天敵が少ない場所に多い行動的なグッピーとに分かれていることが確認されています。棲《す》む場所の条件にあわせ、性格を変化させているのです。また、それぞれの性格は学習によるものではなく遺伝によるものというのも面白い点です。それは、どちらの「性格」にもメリットがあるということを意味しています。

　ということはやはり、内向的な性格にも生物としての強みがあるのです。しかも時代は内向型に有利になっています。それは弱点が目立たなくなり、強みはそのままということですから、現代は内向型の人々にとって生きやすい時代であると言えるでしょう。

自分が内向型であることに気づこう

　内向型の人々が生きづらさを抱えてしまうのは、社会が外向型志向だったからだけではありません。外向型がスタンダードであるという誤解があるため、内向型の人々が、自分自身が内向型であることに気づけないからでもあります。かつての私も、まさにそうでした。

　社会のロールモデルが外向型人間になっている以上、自己啓発書やセミナーなども、基本的に「外向型人間になる方法」が最終目標になってしまっています。しばしば外向型人間の成功体験や「思い立ったらすぐ行動しよう」「なんでも、とりあえずやってみよう」ということが説かれるのも、外向型の性格が前提になっているからです。

もちろん、即断や行動力が価値を持つケースはあるでしょう。私は決して、外向型の性格を否定するものではありません。しかし、内向型の人間にとっては、そもそも外向型の生き方が向いていないのです。

長距離ランナーに向いた肉体を持って生まれてきた人が短距離走者を目指すように指導されたら、強みはまったく活かせませんし、もともと短距離向きだった人々にかなうはずがありませんよね。ミスマッチに苦しむだけでしょう。しかし、世の中には短距離走以外に長距離走という種目があること、そして自分が長距離向きであることに気づければ道は開けるに違いありません。同じように、内向型の人々にまず必要なのは、自分が内向型の人間であることに気づくことです。

内向型を受け入れたら、楽になった

少なくとも私は前述のように、世の中には内向型の人々が存在することと、自分が内向型人間であることに気づくことができました。すると、「自分はこのままでいいんだ」と思えるようになり、とても気が楽になったのです。

それまでは人と積極的に関われない自分に引け目を感じていたのですが、それがなくなり、たくさんの人と関わらない人間関係のスタイルもありだと思えるようになりました。また、仕事中に周囲で雑談が盛り上がっても、無理に参加しなくなりました。以前は「人の輪に入らなければ」という義務感にかられたものですが、自分が内向型だと気づいてからは、その必要を感じなくなったからです。

その結果、私は職場で堂々と、自然体で振る舞えるようになりました。

かつての私は「付き合いが悪い」とか「根暗だ」と思われることを恐れていたのですが、そういうことは一切なく、むしろ職場での私の評価は上がっていきました。「言いたいことを言ってくれるようになってよかった」と言われたこともあります。

要するに、「外向的でなければいけない」というのは、思い込みに過ぎなかったのです。外向型の人々に外向型のやり方があるように、内向型人間には内向型のやり方があるというだけの話です。そのことに気づき、内向型に向いた生き方を見つけることこそが、内向型人間にとってもっとも大切なのです。

まとめ

●人間には内向型と外向型がいる。三人に一人は内向型

●外向型が正解とされてしまっている現代社会は変わりつつあり、内向型には内向型だけの強みがある

●外向型を真似ようとせず、内向型であることを受け入れよう

第二章

内向型を知る

ところで、「内向型人間」とはどのような人々なのでしょうか？

人間を内向型と外向型に分けたのは、分析心理学の創始者として知られる精神科医・心理学者、カール・グスタフ・ユング（1875-1961）でした。今から約一〇〇年前、ユングは内向型の人間の特徴を「思考や空想など自分の内面に関心を持つ人間」とし、他人やモノなどの外面に関心を持つ外向型人間と区別しました。

しかし、ユング以降の一〇〇年で内向型人間についての研究が進み、もっとたくさんのことがわかってきました。内向型人間には、「一人の時間が好き」「物静か」以外にもさまざまな特徴があるのです。一例を挙げると、これからお伝えするように「刺激に強い／弱い」「疲れにくい／疲れやすい」「集中しやすい／しにくい」といった点でも、内向型人間には共通した特徴が見られます。

そこで本章では、内向型の人々にはどのような特徴があり、それがどのような原因からもたらされるのかを見ていきます。もし読者の皆さんが、ご自身を内向型人間だと思っているならば、ご自分の振る舞いや性格を思い出しながら読んでみてください。

内向型人間の特徴とは？

まず、内向型の人は、一人を好みます。外向型の人々のように、常に誰かに囲まれているということはありません。

ですが、内向型の人は必ずしも「人間嫌い」ではなく、最低限の信頼する友人・知人はおり、彼らとのつきあいはしているケースが大半です。しかし、誰とでもまんべんなく付き合うとか、新しく知り合った人にすぐ心を開くといったことがないのです。

これを言い換えると、「友人・知人の基準が厳しい」ということになります。友人や知人はいるけれど、その数は多くなく、誰とでも友人になるわけではない。それが内向型人間の友人関係です。

同じように、物静かなイメージがある内向型人間ですが、決して常に無口なのではありません。仲のいい友人と好きなことについて話し合うのは、むしろ好きだったりします。初対面の相手との対話や、形式的な雑談が苦手なだけです。

ただし、内向型人間は全体として、会話よりも文章のやり取りのほうを得意とする傾向があります。電話よりEメールのほうが気が楽だったりしませんか？
また、内向型の人々には、精神的に疲れやすいという特徴もあります。
たとえば、外向的な人々の中には大勢の人がいるパーティー会場や初対面の人と話さなければいけない飲み会、大音量で音楽が鳴り響《ひび》いているフェスなどを好む人が少なくありませんが、内向型人間は苦手とすることが多いと思います。その原因は、内向型人間はこういった場所にいると精神的に疲れてしまうからです。

一人の時間を好み、友人はごく少数で、うるさい場所や刺激が苦手。みなさんにも当てはまる内容が多かったのではないでしょうか。これらは内向型人間に広く見られる特徴です。

内向型人間は、生まれたときから内向型

こういった特徴を持つ内向型人間になるか、対照的な外向型人間になるかは、先天的なものです。すなわち、生まれた瞬間から決まっているのです。内向的になりやす

外向型人間	内向型人間
・一人よりも大人数でいるのが好き	・一人もしくは少人数で過ごすのが好き
・知らない相手と話すのも苦にならない	・じっくり考えてから話す
・活動したあとでも元気が有り余っている	・慎重に行動する
・単調なことは飽きてまう	・うるさい場所や刺激が苦手
・マルチタスクが得意	・外部からの意見に左右されにくい

い環境で育った人間が内向型になるわけではありません。

内向型と外向型の違いは、遅くとも生後四カ月の時点で現われています。ハーバード大学のジェローム・ケーガン教授らは、生後四カ月の乳児たちを被験者として、人の声やアルコールの匂い、カラフルなおもちゃなど、五感に訴えるさまざまな刺激を与えました。反応に個人差があるかどうかを調べるためです。

その結果、かなりの個人差が見つかりました。およそ二割の乳児は大声で泣いたり手足をばたつかせるといった激しい反応を示しましたが、約四割は落ち着いていたのです（残りは両者の中間くらいの反応でした）。そしてケーガンによると、落ち着いた反応を示す四割こそが、のちに内向型人間となる乳児です（『内向型人間のすごい力　静かな人が世界を変える』、スーザン・ケイン、講談社）。

この実験からもわかるように、内向型・外向型の違いは生まれ持ったものです。生まれつき足が速い子どももとそうでない子どもがいるのと一緒です。

では、内向型人間と外向型人間の性格の違いをもたらしているものは何でしょうか？　足の速さは、心肺能力や足の筋肉の質の違いなどによるものでしょう。しかし、性格の違いは何に由来するのでしょうか？

内向型の研究は以前より格段に進んでいるものの、全容が解明されるにはまだ時間がかかります。そこでここからは、理解を深めるために内向型人間の脳について、専門家による先行研究を参照しつつ紹介します。

特徴①　脳の神経経路が長い

内向型人間の脳には、少なくとも三つの特徴があり、それらが内向型人間独特の性質に繋がっています。いずれも、近年の脳科学の進歩により脳を外部から観察することで得られた知見です。

まず第一に、内向型人間の脳は、外部から入ってきた情報を処理するための経路が、外向型人間よりも長く、複雑であることが知られています（『内向型を強みにする』、マーティ・O・レイニー、パンローリング）。これは、脳の血流を観察する「陽電子放射断層撮影法（PET）」によってわかったことなのですが、内向型の脳では、記憶や計画といった内的な経験をつかさどる部位に、外向型の脳では視覚や聴覚、触覚といった刺激を処理する部位にたくさんの血液が流れているのです。血流量が多いということは、その部位が活性化しているということですから、今までの内向型に関する研究は、脳科学的にも正しかったということになります。

また、内向型の人の脳へ流れる血液量は外向型の人より多いこともわかっています。血流量が多いということはより活性化していて、思考や感情といった内的な活動が盛んであるということです。

レスポンスが遅いのは神経経路が長いから

こういった脳の特性は、内向型人間の振る舞いに多大な影響を及ぼしています。たとえば内向型人間は、「最近どう?」と聞かれたとしても、「この人はどういう意図で質問してきたんだろう」「なんと答えるべきなんだろうか」「そもそも最近の私は主に何をしてきたんだっけ……」などと、過去の記憶や感情を掘り起こし、さまざまな憶測などを行なってしまうため、回答に時間がかかります。

一方、外向型人間の脳はこのように複雑な情報処理を行なわないため、「ああ、調子いいよ」などとサラっと即答できます。それはレスポンスが早いということですから、外向型人間はコミュニケーションの量を増やせますし、「ノリがよい」ようにも見えるのでしょう。サラリーマンだった頃の私が即答を苦手としていたことを書きましたが、今思うと、それも脳の神経経路が長く、反応に時間がかかるためだったのです。

内向型人間が外部から内向的に見えることや、感受性が高いことも、神経経路の長さと関係があると私は考えています。情報を処理している時間は一人でじっと考え込

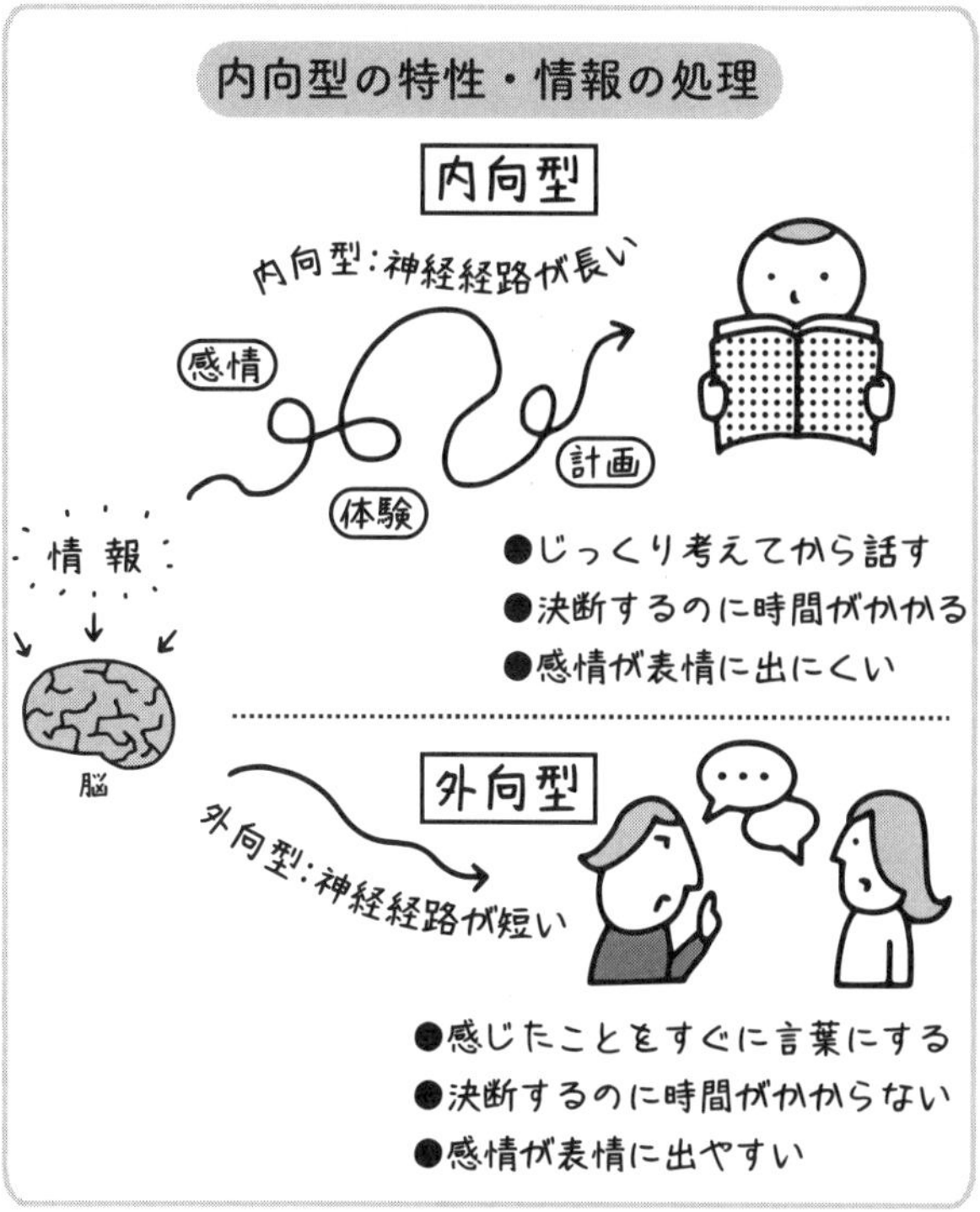
内向型の特性・情報の処理
内向型
内向型：神経経路が長い
感情
体験
計画
情報
脳
●じっくり考えてから話す
●決断するのに時間がかかる
●感情が表情に出にくい
外向型
外向型：神経経路が短い
●感じたことをすぐに言葉にする
●決断するのに時間がかからない
●感情が表情に出やすい

んでいるわけですから内向的に思われるでしょうし、一つの情報（先ほどの例なら「最近どう？」という質問）を多角的に検証するということが、感受性の高さに繫がることはあるでしょう。

　脳科学的な話を持ち出さなくても、経験的に、内向的な人は熟考する傾向があり、同時に感受性も高いと感じている人は少なくないと思います。そのような直観は、科学的にも裏付けられているということがわかります。

特徴② ドーパミン感受性が高い

もう一つ、内向型人間の脳の特徴として「ドーパミン感受性が高い」ことが明らかになっています。

ドーパミンとは、聞いたことがある方も多いかもしれませんが、脳の中で情報を伝達している「神経伝達物質」です。神経伝達物質にはいろいろあるのですが、中でもドーパミンは運動やモチベーション、快感や覚醒などに関わる、とても重要な物質です。やる気が出たり、快感を感じているときは、脳内でたくさんのドーパミンが分泌されています。

ドーパミンの過剰は妄想や依存症に繋がりますが、不足するとうつ病や注意力の低下を引き起こしかねません。覚せい剤が快感や覚醒作用を生むのは大量のドーパミンを放出させるからです。ともかく、ドーパミンは脳にとって非常に大切な物質だということです。

そのドーパミンですが、脳がどの程度ドーパミンを必要とするのかについては個人差があります。それが「ドーパミン感受性」であり、ドーパミン感受性が高い内向型人間の脳は、ざっくり言うと、少量のドーパミンだけで満足できるのです。したがって、内向型人間はあまり刺激を求めないため、外部からは大人しく、あるいは内向的に見えるのでしょう。

ですが外向型人間はドーパミン感受性が低いため、大量のドーパミンを必要とします。そしてドーパミンは刺激によって分泌されるため、外向型人間は活発に動き、刺激を求める……というわけなのです。

刺激に弱い内向型人間

ドーパミン感受性が高いことは、刺激に弱いことにも繋がります。ここでいう刺激とは、音や光などの物理的な刺激だけではなく、「新しい状況」「コミュニケーション」などの情報のやりとりも含まれます。

上智大学の山下竜一特任助教らは、内向性・外向性に関するここ一〇〇年の心理学的研究を振り返った上で「刺激に対する反応性」が広く重視されてきたと述べています（『外向性・内向性の概念に関する文献的考察』、山下竜一／横山恭子、上智大学心理学年報）。刺激への耐性は、性格が内向型か外向型かということと強い関係があり、その関係は脳科学的にも明らかになっているということです。

「刺激に弱い」という特性は、内向型人間を理解する上でとても大切です。というのも、内向型人間の振る舞いの多くは、この特性から発しているからです。この章の冒頭で挙げた内向型人間の特徴が、いずれも「刺激に弱い」という特性と関係があることにお気づきでしょうか。

まず、人間関係。人と関係を築くことや対話することは刺激の一種ですから、内向型の人は、むやみやたらと他人と親しくなることはありません。

電話やうるさい場所を苦手に感じるのも、やはり刺激が苦手だからです。外向型人間が楽しめるこういった刺激も、内向型人間にとっては疲れの原因になってしまいます。ひょっとすると、刺激物やアルコール、コーヒーを苦手とする方も多いかもしれません。いずれにせよ、内向型人間の特徴は「刺激に弱い」という性質に発していることがわかります。ただし、「刺激に弱い」という特性だけで内向型人間のすべてを説明することはできません。

かなり簡略化した説明ではありますが、内向型人間が刺激に弱いことには脳科学的な根拠があることがおわかりいただけたでしょうか。

特徴③　副交感神経が優位

内向型人間の脳の三つ目の特徴として、「副交感神経」が優位であることが挙げられます。

人間の脳は心身の調子や感情に影響を及ぼす「自律神経系」を調節しているのですが、二つある自律神経系のうちの一つが「副交感神経系」です。もう一つは、「交感神経系」と呼ばれます。これも、聞いたことがある方は多いかもしれません。

二つの交感神経系は、それぞれ役割が異なります。

交感神経系はよく「闘争か逃走か」の神経と呼ばれるように、非常時に重大な役割を果たす神経系です。私たちの先祖が肉食獣に追われているときや獲物を狩るときに心拍数や血圧を上げ、瞳孔《どうこう》を開かせ、手のひらに汗をかかせるのが交感神経系であり、その役割は今日も変わっていません。あまり正確な表現ではありませんが、あえて一言でまとめると「興奮しているときに活性化するのが交感神経系である」といえるでしょう。

しかし、内向型人間の神経系は、もう一つの副交感神経系のほうに偏《かたよ》っています。こちらは交感神経系とは対照的に、心拍数や血圧を下げ、心身をリラックスさせます。副交感神経が優位になると、交感神経が優位な状態では後回しにされていた消化や排泄《はいせつ》、心身の回復が活発になります。

人はみな、無意識のうちに交感神経と副交感神経を使い分けて生活しているのですが（そのバランスが崩れるのが、いわゆる自律神経失調症です）、そのどちらが優位かは個人差があります。そして多くの研究が、内向型人間では副交感神経のほうが優位であることを示しているのです。

ピンチのときに落ち着く？　興奮する？

交感神経と副交感神経のどちらが優位であるかは、緊急時の反応にも大きな違いを生みます。ストレスが生じた際には、優位であるほうの自律神経系が起動するためです。

「火事だ！」という声が聞こえたとしましょう。焦《こ》げ臭いにおいがし、あたりに煙が立ち込めてきました。生命の危機です。

こんなとき、外向型人間の内部では交感神経がオンになりますから、先ほど述べたように「闘争か逃走か」の反応を示します。消火器を持って火元に向かうか、あるいは一目散に逃げだすかはわかりませんが、ともかく心身はフルスロットルの状態になります。

しかし内向型人間は逆に副交感神経をオンにしますから、極端に冷静になるはずです。もし火事に出くわしたら、火元を探したり、通報をしたりと落ち着き払った行動をとるでしょう。

脳が内向型人間の特徴を作る

ここからは、以上の①脳の神経経路が長い②ドーパミン感受性が高い③副交感神経系が優位、という三つの特徴を基《もと》に、内向型人間の特性について考察していきます。

たとえば内向型人間はおおむね、大人しい、あるいはおっとりしている人が多いと言われます。その理由の一つは、前述したように脳の神経経路が長いため対話時の反応などに時間がかかるためでしょうが、ドーパミン感受性が高く、刺激を避ける傾向にあることも、外部から「大人しい」という評価を得る要因になるはずです。そしてもちろん、副交感神経が優位であることは、周囲からはおっとりしているように見えることに繋がるでしょう。

このように、内向型の性格が脳の特性に発していることがわかると、ご自身の特性がより深く理解できるはずです。そして、どのような人間関係の築き方や仕事のやり方が内向型人間に向いているかも見えてくるでしょう。

思考が遅いのではなく、考えることが多い

内向型の人はものごとを考えるのに時間がかかる、あるいは仕事が遅い、と思われることは少なくありません。ときには内向型人間が自分自身に対してそのような評価を下すこともあるのですが、それは間違いです。内向型人間は、決して頭の回転が遅いわけではありません。

第一章で書いたように、会社員時代の私は社内でのコミュニケーションを苦手としていました。理由はいくつかあるのですが、メールが苦手だったのも大きな原因でした。仕事について疑問が浮かび、それを上司にメールで質問したとしましょう。もっともシンプルなやり取りならば、「質問を上司にメール」→「上司からの返信」→「儀礼的なお礼メール」だけで済むはずです。

ところが私の場合、まず上司にメールをする段階で「迷惑じゃないかな」「どういう文面にしようか」などと悩んでしまうのです。なんとかメールをして返信をもらっても、つい文面を深読みしてしまい、「怒っていないかな」などと余計な疑問が浮かびます。お礼のメールをする際にも「軽くお詫《わ》びをしたほうがいいかな」「長いメー

ルのほうが感謝の気持ちが伝わるだろうか」などいろいろなことを考えて時間がかかり、ストレスにもなりました。

傍《はた》からは、私は仕事が遅い人間に見えたことでしょう。しかし、私の頭はフル回転していたのです。にもかかわらず、仕事に時間がかかったのは、考えるべきことが多かったためです。そして、多くのことを考えてしまうのは、おそらく脳の神経経路が長いためでしょう。

集中するまでに時間がかかる

「自分は集中力がないな」と思っている内向型の人はいませんか？　その認識は、おそらく間違っています。集中力がないのではなく、集中するまでに時間がかかってるのではないでしょうか。

神経経路が長いことは、集中に時間がかかることに繋がります。ものごとに集中するためには頭の中を整理し、集中すべきテーマだけを抽出しなければいけませんが、神経経路が長いとさまざまなことを考えてしまうため、この作業にも時間がかかると思われます。

また、音や光などの刺激に弱いことは集中力を削《そ》ぐ方向に働きますから、余計に内向型人間は集中するまでに時間がかかるのです。たとえば、職場で電話の話し声や会話が飛び交う騒がしい環境で集中しにくかったことはありませんか？

ただし、一度集中すれば、内向型人間の能力は決して低くはありません。集中できる環境の下《もと》で、自分でも驚くようなパフォーマンスを発揮できた経験はないでしょうか？　この特徴は仕事をする上で特に重要なので、第三章で改めて触れます。

エネルギーが減りやすい

自分は疲れやすい、体力がない、と感じている内向型人間は多いと思います。私もそうでした。

が、やはりその認識は不正確です。内向型人間は体力がないのではなく（もちろん体力には個人差がありますから、体力がない方もいるとは思いますが）、エネルギーが減るスピードが速いのです。

それは、刺激に弱いため、刺激によって心身にストレスがかかりやすいからです。外向型人間がストレスを感じない程度の刺激でも、内向型人間はエネルギーを失っていってしまいます。

重要なのは、減りやすいのは体力に限らず、メンタル的なエネルギーにも同じことがいえる点です。ずっと座って仕事をしていれば体力は減りませんが、メンタルだけが疲労していくことはあり得ます。

一人で物思いにふけるのが好き

孤独を好むように見えるのも、脳から説明できます。

第一には、一人でいると過剰な刺激を避けられるからです。一人でいる時間は過去の出来事を思い出したり未来について空想しているものですが、そうやって想像を巡らせる行為は、弱めの刺激で十分に楽しむことができます。読書や映画を見る時間もそうでしょう。もちろん実際に体を動かして旅行に行ったり友人に会うことも楽しいものですが、内向型人間にとっては刺激が強いため、疲れてしまいます。

　また、脳の神経経路が長いということは、こういった空想や想像を楽しみやすいということでもあります。情報の流れがシンプルな脳なら「去年の今頃は何をしてたっけ」→「広島に家族と旅行に行っていたな。楽しかった」とあっという間に結論を出し、空想が広がる前に終わってしまいますが、内向型の脳は同じ「去年の今頃は……」というスタート地点からも「広島に行っていたな。お好み焼きが独特だった」とか「東京より日差しが強かったのは南にあるからかな」とか「母が楽しそうだったな」とか、いろいろなことが考えられます。

　さらには、副交感神経が優位であることも関係しているのかもしれません。普通、交感神経が優位になり、カッカとしている状態で空想を膨《ふく》らませることはあまりないですよね。空想の世界で遊ぶのは、ベッドの中や休日のソファなど、リラックスできる状況です。

　世の中の偉大な発明や問題解決策、哲学も、こういった物思いにふける時間に生まれるのかもしれません。

　このように考えると、「孤独を好む」という内向型人間の特性はあくまでも結果であり、真の原因は脳にあることがわかります。

喜びも悲しみも長続きする

刺激に敏感で脳の回路が長い内向型人間は、まるで牛が食べたものを反芻《はんすう》するように、喜びや悲しみ、楽しいことや不安なことを、何度も何度も味わうことができます。

この性質にはよし悪しがあります。

感受性が高いということは不安や悲しみを感じやすいということですし、脳の神経経路が長いということは、不安や悲しみが不必要に増幅する場合もあることを意味しています。その点では、ありがたい特性ではありません。

しかし同じことは、喜びや楽しいことにも言えるのです。過去のちょっとした幸せも、何度も思い出して幸せな気分になれる。内向型人間は、そういう人たちでもあるのです。

大事なことですから、繰り返します。内向型人間は別に、根暗でネガティブな人たちではまったくありません。小さな幸福をたっぷりと味わえる人々でもあるのです。外向型か、内向型かという違いは決して優劣ではなく、持って生まれた性質の違いでしかありません。

マルチタスク（同時進行）が苦手

コミュニケーションに関わることだけではなく、一人で行なう作業や仕事に対しても、内向型か、それとも外向型かは影響します。むしろ社会人にとってはこちらのほうが重大かもしれません。

内向型人間に目立つ特徴として、マルチタスクが苦手であることが挙げられます。思考の切り替えに時間がかかるため、複数のタスクを同時並行的に進められません。

私はよく、外向型人間をテレビに、内向型人間をエアコンに例えるのですが、テレビはリモコンのボタンを押せばすぐに電源が入って画面が映りますし、チャンネルもボタンを押すだけでパッと切り替わります。しかしエアコンは、ボタンを押してから少し待たなければ空気を吐き出しませんし、空気が暖かく（あるいは冷たく）なるまではさらに時間がかかります。あるいは暖房から冷房に切り替えても、温度が変わるまでには時間がかかります。

内向型人間はエアコンに似て、立ち上げやモードの切り替えに時間がかかるのです。マルチタスクを行なうときには、まずタスクAを、次にタスクBを行ない、Bがいち段落したらタスクCに移り、キリがいいところでまたタスクAに戻って……というふうに、素早くモードを切り替えなければいけませんが、内向型人間はそれが苦手なのです。

この特徴は、雑談や電話が苦手ということとも関係しています。仕事中の雑談や電話に対応するためにはモードを切り替えなければいけないので、切り替えが素早い外向型人間よりも時間をロスするのです。

興味がないことにはやる気が出ない

仕事ではモチベーションが重要ですが、内向型人間は、モチベーションのあり方も外向型人間とは異なることが、いくつかの研究から判明しています。

外向型人間が、報酬や社会的賞賛など、主に自分の「外」からモチベーションを得るのに対し、内向型人間は自分の「中」にモチベーションを求める傾向があります。くだけた表現をするなら、内向型人間は、自分がやりたいことでなければモチベーションが上がりません。高い年収とか社会的地位といった外部からの報酬では心が動かされないのです。

私もやはり、そうでした。指示された仕事も、「どういう意義があるのか」「なぜ自分がやるのか」について納得できないと、やる気が出なかったのです。

営業職の方からこういう相談を受けたことがあります。仕事ができて数字にも厳しい、いわゆる外向型の上司から当然のように高い数字のノルマを課せられ、辛《つら》いというものです。

外向型人間なら、上司の指示という外的要因だけでもモチベーションにはなったでしょう。

しかし、その方は内向型人間です。そこで私はその方に、何に仕事の意義を感じるのかを考え、自分に合っていると思うやり方で仕事をすることをすすめました。するとその方は、これまで上司にいちいち報告していたのをやめ、ノルマを達成するのが目的ではなく、自身のスキルアップをモチベーションに変えたことで、自然に自分の売り上げを伸ばしたいと思えるようになりました。

雑談が苦手なのも脳のせい？

仕事のモチベーションと同様、内向型人間は雑談が苦手です。興味がないことについて話すことも限られたエネルギーを消耗することになり、疲れるのです。すると自《おの》ずから雑談が発生するようなランチや飲み会も苦手になりますから、周囲からは人づきあいが悪いように見えたでしょう。内向型人間が内向型に見える理由には、このようなものもあるのです。

仕事のモチベーションや雑談が苦手という特性が内向型の脳とどう関係するかですが、私の考えでは、自分の中の動機や価値観を大事にすることだったり、意識が内に向く傾向があることが原因になっているように思います。ユングも、外向性の「外部のオブジェクトに対し興味の焦点が存在するという特徴を持つ態度・姿勢」に対し、内向性は「精神的な内観的事象に興味を引いているのが特徴の態度・姿勢」と、内向型人間は意識を自分の内側に向けるという意味のことを述べています。

外からの報酬ではやる気にならなかったり、ランチや飲み会などにも参加しないと聞くと、社会人としては扱いにくそうに聞こえるかもしれませんが、必ずしもそうとは限りません。見方を変えると、内向型の人は外のノイズに左右されず、自分の内部の基準で冷静に判断ができるということにもなるためです。

いつも冷静な内向型人間

他に、外部の報酬にモチベーションを左右されやすい外向型人間のほうが、ギャンブル依存に陥《おちい》りやすいという研究もあります。「今度こそ儲かるかもしれない」という外的刺激に影響を受けやすく、判断を誤りやすいのでしょう。

実際、投資に向いているのも外向的な人よりも内向型人間だと言われています。

「投資の神様」とも呼ばれ、一〇兆円近い資産を誇るアメリカの投資家、ウォーレン・バフェットも内向的な性格であることが知られています。

内向型も外向型のように話し上手ですが、知らないことは話しません。バフェットも決して知ったかぶりはしないそうです。他にも、言葉選びのこだわり、狭く深い関係づくりなどの内向型の特徴がバフェットに当てはまります。


モチベーションの問題を別にしても、内向型人間はおおむね冷静です。これには、内省的であることはもちろん、リラックスするときに働く副交感神経が優位であることとも関係しているでしょう。

自分が大事にしている価値感を見つけることが大事

内省的で外部に左右されにくいということは、自分の中に確固とした価値観や考え方などの柱を持っているということでもあります。しかし、実際はなかなかそうもいかないから、人は悩むのです。

内向型人間に対して「優柔不断」という印象を持っている人もいるのではないでし

ようか？

いかにも、内向型人間は優柔不断でもあります。そもそも、先ほど述べた「切り替えが遅い」という内向型の特性は判断が遅いことにも繋がりますし、様々なことに考えを巡らせているのだと思います。

私も優柔不断です。ちょっとした買い物をするだけでも、あれにしようか、それともこれがいいのかと長時間悩むこともしばしばです（私の妻は外向型で、即断型なので、妻にはずいぶん助けられています）。

しかし、たとえば血迷って好みではない服を買ってしまったりするケースはまずありません。悩むことは悩むけれど、自分の価値観ははっきりしています。些末《さまつ》なことでは悩むけれど、根底にあるものは動いていません。

あるいは、内向型人間が小さなことで迷うのは、自分の中にある価値感や考えに気づけずにいるからかもしれません。いろいろなことを考える時間は、目の前にあるものと自分の価値観を照らし合わせるために必要なのではないでしょうか。そのためにも、自分の大事にしている価値感を見つけることが重要だと考えています。

相手を理解する能力が高い

自分の価値感や考えに気づくことは、ときには内向型人間にストレスをもたらすかもしれません。刺激に敏感で深くものごとを考える内向型人間は空気を読む力も高く、周囲の人の価値観や考えていることを敏感に察することができるため、相手の価値観と自分の価値観との食い違いに直面することも多いからです。

相手は自分の価値観をどう思っているんだろうか、食い違いはどのように解消すべきなんだろうか。そんな悩みを持ってしまうこともあるでしょう。

もっとも、これも弱点ではありません。相手との違いを理解することはコミュニケーションにおいてはとても大切です。内向型人間が、対話や相手を理解する能力に富《と》んでいることは、仕事でもプライベートでも役立つでしょう。

ただ、注意しなければいけないことは、空気の読みすぎと対話する相手の数です。空気を読みすぎるあまり、自分の価値観を裏切ってはいけません。自分の価値観や考えを持つことは、内向型人間の魅力でもあるのですから。

そして、パーティーや飲み会など会話する相手が多すぎる場所は、刺激が強すぎます。内向型人間が強みを発揮できる対話の相手の数は、せいぜい一度に三、四名が上限ではないでしょうか。理想的には、一対一で、静かな場所で話すべきです。

一人でいるとエネルギーが回復する

外部の世界に多くの刺激を求める外向型人間にとっては、他人と接することは重要ですし、楽しいことも多いでしょう。しかし内向型の人間は、人と接しすぎると疲れてしまうのです。体内に蓄《たくわ》えた肉体的・メンタル的エネルギーが、人と接することで減っていくイメージです。コミュニケーションは、かなり強い刺激だからです。

したがって、内向型の人間が疲れを感じたら、一人で過ごすのがよいでしょう。人間関係のストレスから解放され、エネルギーが回復していくはずです。

ただし、必ずしも内向型＝人間嫌いという意味ではありませんから、誤解しないでください。内向型人間も他人とのコミュニケーションを楽しみますし、他人を必要とします。ずっと一人でいたら、さすがに刺激不足で退屈することもあるでしょうし、内省的な傾向が悪い方向に向かい、変に思い悩んでしまうかもしれません。

もし人に会いすぎていると感じたら週末をずっと一人で過ごしたり、逆に、フリーランスで仕事をしているなどで人とのコミュニケーションが不足していると思ったら友人に連絡をとるなど、バランスを心がけるようにしてください。

外向型になることもあっていい

外向型人間が一人になりたがることもあるように、内向型な人も、三六五日・二四時間ずっと内向的なのではありません。ときには外向的に振る舞うときもあります。

私は仲のいい友人の前だと明るく振る舞いますし、興味のある内向型に関する話題なら饒舌《じょうぜつ》に話し続けることができます。

これも内向型の人の特徴なのですが、気の置けない人と過ごすときや、自分が興味のある話なら外向的に振る舞うことができます。以前、相談にのった方で、普段口数は多くないけど、趣味のキャンプの話なら何時間でも話せるという方がいました。

私たち人間は、外向的であれ内向的であれ、無意識のうちに交感神経と副交感神経を使い分けながら生きています。同じように、内向的な自分と外向的な自分を使い分けるべきなのです。
「自分は内向的だから一人でいるべきなんだ」「できるだけ刺激を避けて生きよう」などと思い込む必要はありません。内向モードでなければ深い内省はできないでしょうし、外向的になって思い切った行動に出ることがプラスになる場面もあるはずです。ただ、内向型人間は、内向／外向のバランスが少し内向に偏っているというだけのことです。

大切なのはそんな自分自身を正確に理解し、自分が今、何を求めているのか、何をしたいのかを見極めることです。休息が必要なら休むべきだし、刺激が欲しいなら、適切な刺激を適度に楽しむ。自分にウソをつくことだけは避けてください。

内向型を「克服」してはいけない

もうおわかりだと思いますが、内向型の性格とは、あくまで脳によってもたらされた特性にすぎないのです。良い・悪いで切り分けることはできません。短距離ランナーと長距離ランナーのどちらが優れているか？　という問いがナンセンスであるように、内向型には内向型の、外向型には外向型の強みがあるのです。

モチベーションを上げるまでに時間がかかったり、集中力を妨げられたら「再起動」するのに時間がかかるのは、たしかに弱点かもしれません。しかし、外野の声に惑《まど》わされず、突発的な事態が起こっても冷静でいられることは内向型人間の強みです。切り替えに時間がかかるとしても、深くものごとを考える能力はとても価値があるに違いありません。

ですから、間違っても内向型の性格を「克服」して外向型になろう、などと思わないでください。内向型の性格を持って生まれたことは、外向型の人にはない才能でもあるのですから。

しかし、中には内向型であることに生き辛さを感じている方もいるかもしれません。内向型か外向型かに価値の違いはないはずなのに、なぜでしょうか?

それは、ご自身の特性の活かし方を間違えているからです。第一章で述べたように、会社員時代の私は、内向型の性格を外向型に変えようとして苦しみました。今思うと、それは短距離ランナーが長距離走に出場し続けるようなものでした。まったく才能を活かすことができないわけですから、苦しむのも当然です。
　短距離ランナーは、短距離走に出るべきです。同じように、内向型の人は、内向型の強みを活かせる生き方をするべきなのです。ご自身が内向型であることを知り、その特性を理解して受け入れた上で、次章から紹介するように、よりよい生き方、働き方を探しましょう。

まとめ

●内向型人間は、自分の内面に関心を持つ。外向型人間は、外部に関心を持つ
●内向型の性格は生まれ持ったもの。後天的ではない
●内向型人間の特徴はいずれも「脳の神経経路が長い」「ドーパミン感受性が高い」「副交感神経が優位」という脳の作りに原因がある

第三章

内向型人間が働きやすくなる方法

内向型の性格は、コミュニケーションだけではなく、仕事にも影響することを見てきました。実際、私がもっとも悩んだのも仕事についてです。

デスクで仕事をしていると、雑談に巻き込まれることがあります。するとせっかくの集中力が途切れ、ふたたび仕事に集中するまでにかなりの時間がかかってしまいます。電話や突然の指示も同じように集中の妨げになりましたし、マルチタスクを要求されるのも、切り替えに時間がかかる私にとっては苦痛でした。

モチベーションの維持も課題でした。与えられた仕事や指示に対して、十分に納得できないとモチベーションが上がらないのです。ところが、忙しい会社で丁寧《ていねい》な説明など望むべくもありません。私はいつも、疑問や不満を抱えながら仕事をしていました。

今思うと、こういった悩みもすべて内向型の性格に原因があったのです。自分が内向型であることを知った今の私なら、もっと自分に適したやり方で働けたでしょう。内向型人間に向いた働き方とはどのようなものなのでしょうか?

仕事に集中できる環境を作る

内向型人間の仕事にとってもっとも大事なことは、集中できる環境を作ることです。刺激に敏感で、集中するまでに時間がかかる内向型人間は、仕事に集中できずにパフォーマンスを発揮できないケースが少なくありません。

しかし逆に言うと、集中できる環境さえ整《ととの》えられれば、優れたパフォーマンスを発揮するのも内向型人間の特徴です。仕事の準備には時間をかけてください。まずは、余計な刺激を徹底的に排除しましょう。

会社では難しいかもしれませんが、聴覚への刺激は、静かな場所で仕事をするか、耳栓をするなどで減らせます。視覚への刺激も、無意識のうちにあなたを疲れさせているはずですから、机の上を整理して文房具や書類など雑多なものが目に入らなくすれば、それだけでかなり楽になるはずです。

私は自宅の本棚にはカーテンをかけ、本が見えなくなるようにしています。タイトルが目に入るだけで脳は「そういえばあの本は……」などと考えはじめ、疲れてしまうからです。また、刺激の塊《かたまり》であるスマートフォンの通知はオフにしています。

ただ、この章で述べる「仕事の環境づくり」とは、こういった空間づくりだけではありません。もちろん余計な刺激を減らすためには今述べたようなことも大切ですが、忘れてはならないのは集中するための「段取り」です。

内向型人間はマイペースです。つまり自分の望むペースとやり方で仕事を進められるときに、もっとも高いパフォーマンスを発揮するのです。これは外部の変化にただちに対応できる外向型人間とは対照的です。

マイペースとは、決して「ゆっくり」という意味ではありません。むしろ逆で、マイペースで仕事を進められている内向型人間は、スピードでも仕事の質でも、非常に高いパフォーマンスを発揮します。

ただし、これは容易ではありません。現代社会が外向型のスタイルを前提として組み立てられているからです。だからこそ、じっくり準備をしてから仕事に取り掛かってください。

時間を細切れにしない

まずは、時間の組み立て方から。内向型の仕事術の大原則は、まとまった時間を確保してから仕事に取り掛かることです。

どのビジネス書を読んでも、「時間を細分化せよ。そのほうが集中できて効率が上がる」と書いてあります。二五分の仕事プラス五分の休憩というサイクルを繰り返す「ポモドーロ・テクニック」も、ずいぶん前から流行しています。もっと細かい細分化をすすめる方もいます。スキマ時間は有効に使おうという考え方が広まっていることの典型例ではないでしょうか。

「ポモドーロ・テクニック」でもいいのですが、内向型人間にとってよくないのは、細切れの時間をつくることです。ですから、たとえば、午前中（九時〜一二時）に一時間の会議を入れることになった場合、おすすめは九時〜一〇時か一一時〜一二時です。そうすると二時間をまとめて確保できるからです。その時間の中で「ポモドーロ・テクニック」を実践するのは効果的です。

短い時間に、さっと仕事をはじめられる外向型人間に憧れてしまいますか？

その必要はありません。時間がかかっても、一度エンジンがかかった内向型人間は、外向型人間に劣らないスピードで、外向型人間を超えるクオリティで仕事ができるのですから。

マルチタスクで仕事をしない

時間の配分のしかただけではなく、タスクの配分の仕方にも注意してください。たとえば、A・B・Cという三つのタスクがあったとします。あなたはこれらのタスクを終えなければいけません。

今のビジネス界で流行りのやり方は、マルチタスクです。A↓B↓C↓A↓B……と、時間を細分化してさまざまなタスクを同時に進めることが推奨されています。しかし、この手法もやはり外向型の脳を前提にしたものです。内向型人間には向いていません。

内向型人間は、逆を行くべきです。まずAを終える↓次にBを終える↓最後にCを終える、というように、一つひとつの仕事をまとめて、やり終えてから次の仕事に取

タスクの配分の方法

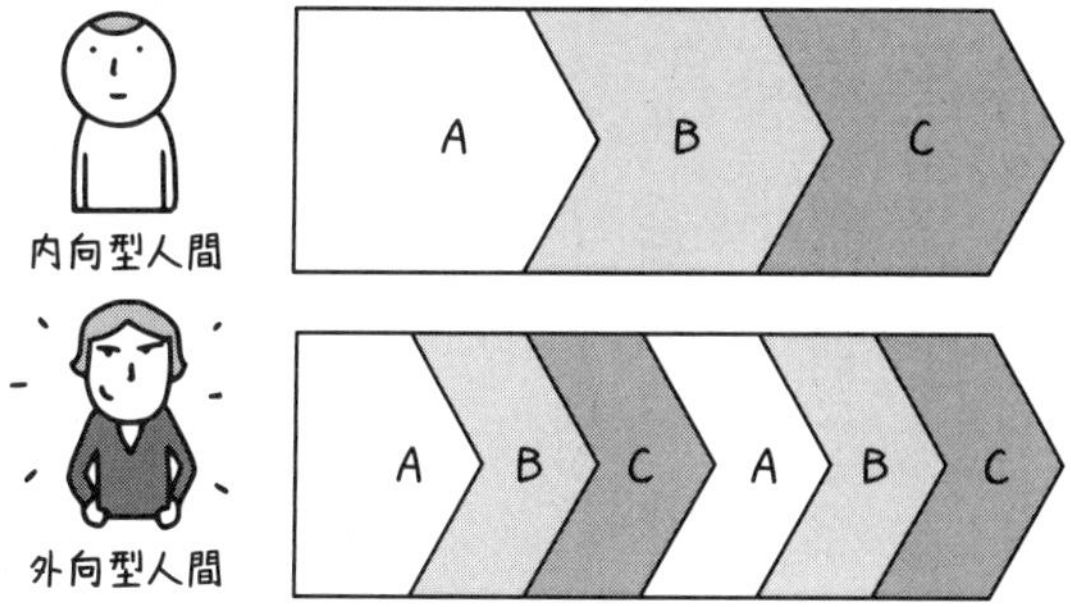

内向型人間は、マルチタスク（同時進行）より、一つひとつの仕事をこなすほうがあっている

り掛かるべきです。そのほうが、結果的には早く仕事が終わり、質も高いでしょう。

車に例えるなら、加速には時間がかかるけれど、トップスピードなら誰にも負けないのが内向型人間です。細かい加減速でガソリンを消費するのは避けてください。

仕事を選択し、集中する

刺激によって消耗しやすい内向型人間にとっては、無駄な仕事を減らすことも大切です。これは単に仕事を減らせ、という意味ではなく、真に重要な仕事を探しだし、そこだけに注力すべきだということです。

「パレートの法則」という言葉を聞いたこ

とがあるでしょうか。イタリアの経済学者、ヴィルフレド・パレートが発見した経済理論で、「経済やビジネスの世界では、成果の大半はごく少数によって生み出されている」というものです。

たとえば、ある会社の売り上げの大半がごく少数の社員によって生み出されているような状況は、パレートの法則の一例です。「八：二の法則」などとも呼ばれていますね。成果の八割は二割の人やモノによって生み出されている、というわけです（八三ページの図）。

仕事にもパレートの法則が当てはまります。本当に成果につながる大事な仕事は、全体のせいぜい二割くらい。残りの八割は、よくよく考えると無駄な雑用だったりします。

もっとも、外向型人間にとっては、この八割の雑用にも気分転換などプラスの意味はあるかもしれません。しかし内向型人間にとっては集中の妨げであり、労力の消耗でもあります。

ですから、仕事の段取りを立てる際には、どの作業が重要な二割に相当するかをよ

パレートの法則

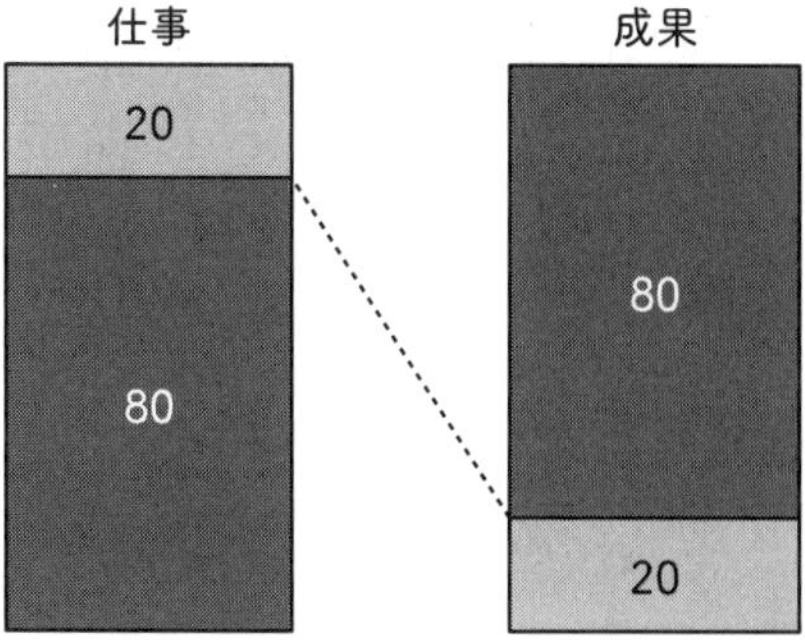

全体の2割の仕事が8割の成果を生み出す

く見極め、そこだけに時間や集中力などのリソースを集中的に投入してください。そして無駄なほうの八割は、作業そのものをなくすか、負担を減らす手段を探しましょう。

　会社員時代の私は、頼まれた作業が自分の仕事ではないと感じたら、断るか、その仕事に適した部署に頼むようにしました。ただ、単に断るだけでは角《かど》が立つので、断ると同時に依頼された仕事のやり方も相手に伝えていました。こうすると、次からは頼まれることがなくなります。

「忙しい＝格好いい」を卒業しよう

仕事に限らずオフも含めた話ですが、「忙しいことは格好いいことだ」という価値観が現代社会を覆《おお》っているのも、例によって外向型の性格が前提になっているせいです。内向型人間も、多くの方がこの価値観に影響を受けているため注意してください。スケジュールがぎっしりの忙しい人に憧れたりはしていませんか？

仕事であれ趣味であれ、予定は一種の刺激ですから、量が多すぎるとエネルギーを消耗しやすい内向型人間は疲れてしまいます。それに、先ほどのパレートの法則を応用するなら、予定の大半にはそれほど意味がないということにもなります。予定にも「選択と集中」を行ない、数を減らしたほうがよいでしょう。

心理的な抵抗は大きいかもしれません。忙しいことは格好いい、裏返すとヒマなことは格好悪いという価値観は非常に強力だからです。

かくいう私自身も、学生時代には週末を家で過ごす自分自身を恥ずかしく思っていました。外に出てアクティブに活動するのが正しいあり方だという思い込みがあったのです。しかし、そういう生き方は、疲れやすい内向型人間には向きません。

今は副業を解禁する企業も増えましたし、平日の仕事後にセミナーやジムに通う人も少なくありません。出社前に朝活をこなし、会社ではバリバリとマルチタスクで仕事を片付け、退社後はセミナーで勉強。家では副業に精を出し、週末はバーベキューやサーフィンを楽しむ……。

そんな生き方も、もちろん素晴らしいものです。しかし、そうではない生き方にも、同じだけの価値があることを忘れないでください。

仕事後はまっさきに帰宅してぼんやり。週末もあえて予定を入れず、心身をゆっくり回復させる。そんなライフスタイルは、決して格好悪いものではありません。

日本を代表する経営者のひとりで、ユニクロを展開するファースト・リテイリングの柳井正社長は夜の付き合いをほとんどせず、仕事が終わると真っすぐに帰宅し、本を読みながらビジネス戦略を練るといいます。仕事以外の時間は、自分の心と向き合う大切な時間でもあるのです。

予定が少ないことに劣等感を感じる必要はないのです。パレートの法則を思い出してください。内向型人間は、少ない予定を外向型人間以上に、濃密に楽しめます。人生の楽しみの総量は、内向型でも外向型でも変わらないのではないでしょうか。

もしどうしても予定をいれなければいけなくなったとき、私は次の三つの基準に照らし合わせ、すべてを満たした予定だけを入れるようにしています。

・その予定は楽しいものか？
・自分にとってメリットはあるか？
・予定をこなす体力（心理的なものを含め）はあるか？

私の真似をする必要はありませんが、ご自分なりの取捨選択の基準を作って余計な消耗を防ぎ、内面に向き合う時間を大切にしてください。

悩む労力を減らす

今述べた「基準を設ける」という手段は、悩むことによる負担を減らすために非常に役立ちます。「悩み」ももちろん刺激ですから、エネルギーを消耗します。ものごとに悩み続けたあまり、疲れてしまった経験をお持ちの内向型人間は多いでしょう。

ですが私たちは日々、たくさんの判断を下さなければいけません。どの服を着ようか、昼は何を食べようか、などのちょっとした判断のすべてが、内向型人間にとっては刺激になります。

もちろん、悩むことは楽しいことでもあります。私は食べるのが好きですから、レストランで何を頼むか悩むのは（それなりに疲れはしますが）楽しい時間です。しかし、特に楽しくない悩みならば、基準を設けることで悩む時間を減らしたほうがいいでしょう。

一人暮らしで自炊をしていた頃の私は、毎日悩むのはさすがに疲れてしまうと考え、メニューを三パターンほどに絞り、それらを順にローテーションしていました。献立に悩む労力を他のことに使いたいと思ったのが理由です。

アップル社を作ったスティーブ・ジョブズがいつもタートルネックのセーターにジーンズという格好だったことはよく知られていますよね。日々たくさんの判断に直面するジョブズが、せめて服選びに悩む労力をなくそうとしたためだと言われています。

毎日同じ服を着る必要はありませんが、日々の服装や食事といったルーチンは選択肢を減らしてパターン化すれば、悩む労力を減らすことができます。

先延ばしは疲れるだけ

特に仕事の場合に顕著なのですが、一度決めた予定の先延ばしはおすすめしません。もちろん、一般的に先延ばしは良くないこととされていますが、内向型人間の場合は特別な理由があるのです。

というのも、終えられずに先延ばしにしたタスクは、ずっと脳内に残り続けて「やらなきゃ……」というプレッシャーを与え続けてくるからです。タスクを実行しなくても、どんどん疲労してしまいます。

私が勤めていた会社はかなり仕事量が多かったため、その週のうちにやるべき仕事を終えられずに週末を迎えることがよくありましたが、そんな週末は、休日が休日にはなりませんでした。どういうことかというと、土曜・日曜の間も常に頭の片隅に仕事のことが浮かぶため、仕事について考え続ける羽目になるのです。

こんな状態では友人と遊んだり妻とデートに行ってもあまり楽しめませんし、考え続けることで疲れてしまいます。

やると決めたタスクがもしできない場合は、「次はいつやる」と新たな予定にしてしまいましょう。そうすればタスクは先延ばしされている状態から予定に変わりますから、いったんは脳から外に出すことができます。

モヤモヤを頭の外に出す

ただ、仕事に関する考え事や将来への不安をすべて処理することは難しいでしょう。仕事の不安は、仕事を先延ばしにせずに終えることで消せますが、将来への漠然とした悩みは消えません。こういったモヤモヤは、仕事の不安と同じように内向型人間を疲れさせてしまいます。

私は、仕事の悩みも将来の不安もただちに消すことが難しそうならば、紙に書きだすようにしています。例えば将来について不安を感じているのであれば、「何に不安を感じているのか」「どんな理由で不安を感じているのか」を紙に書き出します。

金曜の夜になっても終わらない仕事があったら、その仕事内容や不安要素をすべて紙に書きだします。すると不思議なことに、週末の間は仕事について考えなくても平気なのです。紙に書くことで、モヤモヤを頭から追い出せたのでしょう。

モヤモヤを追い出す先は紙に限らず、PCでもなんでもかまいません。頭の中に、疲れにつながる情報を溜めこまないことが大事です。

今でこそ私はメンタルをコントロールできるようになりましたが、以前はストレスを感じやすく苦労しました。自身も内向型人間だというメンタリストDaiGoさんの『ストレスを操るメンタル強化術』（KADOKAWA）では、「紙に書くことによって、『自分はこういうことを思っていたんだ』『こんな感情を抱いていたんだ』ということがわかります。（中略）自分の感情や不安な気持ちをしっかり認められる人は、緊張したり不安に苛まれたときにネガティブな感情を感じづらくなります」と書かれています。

客観的に自分の感情を眺めることで、ストレスを和《やわ》らげることができるのです。

瞑想で回復する

内向型人間にとって、深くものごとを考えられ、心身の疲れもとれる一人の時間は非常に重要です。私は家族と暮らしていますが、一人になれる部屋はしっかりと確保し、定期的に一人で過ごしています。一人暮らしの方なら自ずから一人で過ごす時間が生じますが、家族がいると、一人で過ごす時間を作ることを忘れがちです。

しかし、相手が家族であっても、他人は他人、刺激は刺激です。必ず、自分だけで過ごす時間は作ってください。

一人の時間は好きなことをして過ごせばいいのですが、スマートフォンを見続けたりと、ダラダラと刺激を受け続けるのは好ましくありません。もちろんそれが目的ならよいのですが、脳を休ませるために一人になっているときは、刺激は避けてください。身体を休めていても、脳は刺激を受けるだけで疲労するからです。

体重の二%ほどの重さしかない脳ですが、その消費エネルギーは人間が消費する全エネルギーのおよそ二〇%にも達します。脳は、極めて「燃費」が悪い器官なのです。そして、その脳の消費エネルギーのほとんどは、無意識下の活動によって消費されていることがわかっています。

つまり、ぼんやりと休んでいるつもりでも、目や耳などの感覚器に刺激を与え続けていると、無意識のうちにどんどん消耗していくということです。脳を休ませたいときには、刺激を遮断しなければいけません。

そんなときには、瞑想がおすすめです。私は疲れたとき、よく一五分ほどかけて瞑想をします。やり方は簡単で、椅子や床に座り、目を閉じて鼻で深く深呼吸をするだけ。五秒ほどかけてゆっくり息を吸い、一〇秒ほどかけてさらにゆっくり息を吐きだしていきます。

このとき、どうしても雑念が頭をよぎるものですが、極力追い出してください。そして、鼻を通過する空気の流れに意識を集中しましょう。

瞑想をすると、脳から疲労が抜けたことを実感できるはずです。さらには不思議なことに、身体の疲労もなくなっている気がします。

心身を休めるだけなら昼寝でもいいのでは、と思われそうなのですが、瞑想と昼寝の効果はまったく違います。睡眠は純粋な休息ですが、瞑想は、終えると頭がすっきりして研《と》ぎ澄《す》まされた感じになります。睡眠がエンジンをオフにすることならば、瞑想はエンジンの掃除という感じでしょうか。

もちろん、内向型人間は絶対に瞑想をしなければいけない、ということはありません。ご自身で、やりやすい回復方法を知っておけば問題ありません。

私が会社員時代、仕事中に疲れを感じたら人がいない場所で五分ほど目をつぶる、ということを繰り返していました。

他にも私は、カフェでのんびりしたり、自然のなかを散歩したり、ゆっくり息を吐きながらのストレッチをすることもあります。いずれも脳を休ませることができますから、その後の時間が生産的になるのです。

細分化で「立ち上がり」にかかる時間を減らす

さて、ここからは上級編です。

頭の切り替えが苦手だという女性の相談者がいました。私も次の仕事に取り掛かるとき、ついグダグダしてしまい、集中しなおすのに時間がかかってしまって効率が悪いなあと落ち込むことがよくあります。

内向型人間の特徴をより深く分析しつつ、効率的に仕事を進めるためにはどうすればよいのかを考えていきましょう。

復習になりますが、内向型人間の特徴のうち、仕事上の弱点になる可能性があるものは、集中するまでの「立ち上がり」に時間がかかることでした。ここまでは立ち上がりの遅さを前提にした仕事術をご紹介してきましたが、そもそも、なぜ内向型人間は立ち上がりに時間がかかるのでしょうか？

大きな理由は、神経経路が長いため、色々なことを考えてしまうからです。たとえば「企画書を書く」という仕事を目の前にした内向型人間の脳は「どういう層に向けて書くんだっけ」「体裁はどうしよう」「資料を集めないと」などと様々なことに思いを巡らせてしまい、結果、取り掛かるのが遅くなります。

しかし、行なうべきタスクが、「PCのスイッチを押す」のように、思いを巡らせることができないくらい単純だったらどうでしょうか？

内向型人間でも、直《ただ》ちに片づけることができるはずです。そして、どんな複雑そうな仕事も、結局は単純なタスクの集合でしかありません。つまり、仕事をどんどん細分化してしまえば、立ち上がりに時間がかかることはなくなるのです。

時間を細分化せず、仕事を細分化する

仕事を細分化するときには、時間を目安にしてもいいでしょう。「一〇分で終わるタスクに分解する」「五分で終えられるタスクになるまで細分化する」などです。

こう書くと、おいおい、さっき言ったことと矛盾しているぞ、と思った方もいるかもしれません。たしかに私は、「内向型人間は立ち上がりが遅いので時間を細分化すべきではない」と書きました。しかし、「仕事を細分化すべきではない」とは書いていません。

仕事を単純なタスクに細分化すると、それぞれのタスクに必要な立ち上がりの時間が減ります。先ほどの「企画書を書く」という仕事なら、「資料を集める」「構成を決める」「執筆する」「図を作る」などと細分化できますし、それぞれのタスクをさらに細分化すれば、立ち上がりはもっと早くなるでしょう。

仕事を細分化すると、全体像をつかみやすくなるのもメリットです。何をどうすればよいのかがあいまいな仕事に対しては不安を覚えがちですが、細かくて具体的なタスクに細分化できればやることが明確になりますから、安心して取り掛かることができます。優先順位を決め、ひとつずつこなし、終わるまでは他のタスクを考えないようにすれば、考えることも減り、複数のタスクを抱えていても効率よくこなすことができるでしょう。

さらに付け加えると、タスクを細分化する際には紙やＰＣに書きだすことになるでしょうから、ますます不安は減ります。良いことずくめなのです。

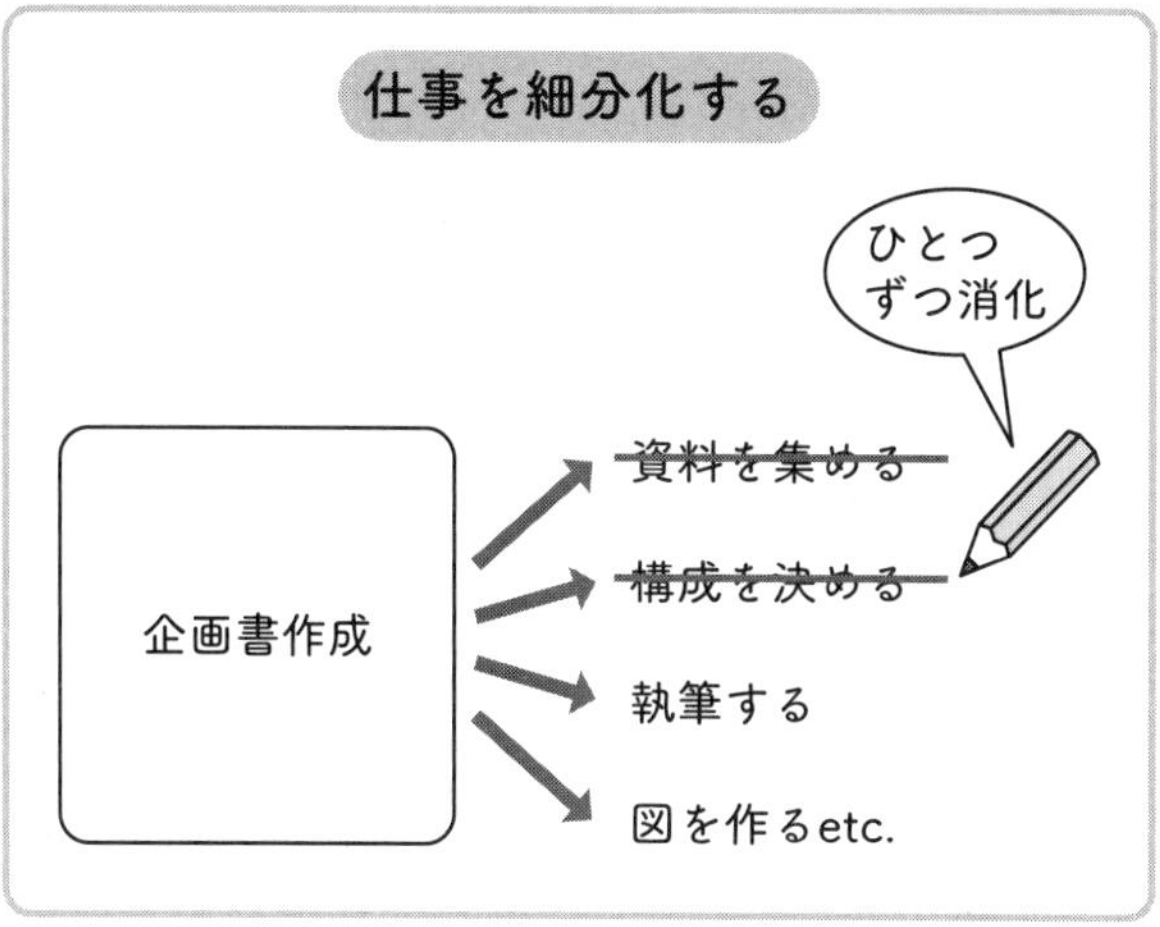

ウォーミングアップ用のタスクを作っておく

　こうして細かいタスクに分けていくと、非常に簡単なタスクがいくつかあることに気づくでしょう。「請求書に印鑑を押す」とか、「書類のコピーをとる」といった、避けることはできないけれど、頭を使わなくてもできるタスクのことです。いわゆる雑用といってもいいでしょう。

　こういったタスクは面倒なものですが、内向型人間でもさっとこなせるというメリットがあります。そこで、こういったタスクは、すき間時間や集中力が発揮できない「立ち上がり」のときのウォーミングアップ用に配置しましょう。集中できない時間帯は集中しなくてもよい仕事を行ない、集中できるようになったら重要なタスクに取り組むようにすれば、無駄な時間がなくなります。

ありがちなのが、逆のパターン。集中できない時間帯に、集中力が必要な大事な仕事に取り組んでしまう人は少なくありません。するとまったく仕事ははかどらず、疲れてしまいます。そしてようやく集中できるようになってきたら、息抜きに雑用を行なう……。これではもったいないですよね。

一日のスケジュールを立てるときに注意すべきなのは、朝と夜とのパフォーマンスの差です。誰でも夜に近づくほど疲れによってパフォーマンスは落ちるものですが、刺激に弱い内向型人間は、その落ち具合が大きいのです。

したがって、内向型人間は、重要な用事ほど朝のうちに済ませたほうがいいでしょう。逆に夜には、頭を使わなくてもできる簡単なタスクを行なうようにしてください。内向型人間の基本は朝型です。

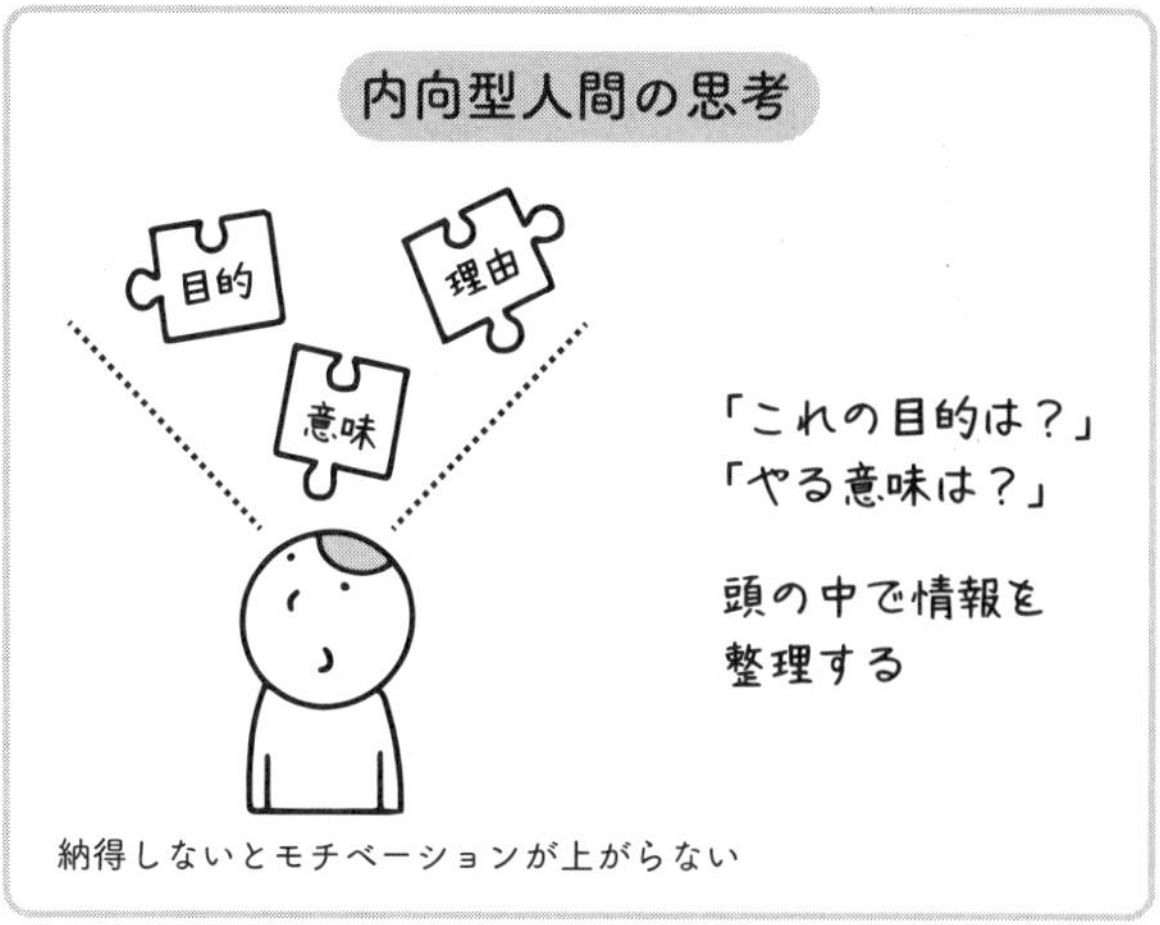
内向型人間の思考
目的
理由
意味
「これの目的は？」
「やる意味は？」
頭の中で情報を
整理する
納得しないとモチベーションが上がらない

納得できるまで質問する

　行なう仕事を明確にする必要性は、立ち上がりだけの問題ではありません。モチベーションにも関わります。

　第二章で述べたように、内向型人間は外部からモチベーションを得にくい、という特性を思い出してください。心からやる気にならなければ、本来のパフォーマンスを発揮できません。

　ですから、内向型人間は「上司に指示されたから」「お金になるから」といった理由ではモチベーションが湧きません。「どうしてこの仕事をやらなければいけないんだろう……」と、もやもやと考え続けることなります。

世間で目標とされる「社内の出世競争を勝ち抜いて、高級住宅街に住み、高級車に乗る」といったイメージも、内向型人間にとっては動機付けにはなり得ません。いえ、たまたま世間のイメージと自分の価値観が厳密に一致していれば、それをモチベーションにすればいいのですが、そんなケースは例外でしょう。大切なことは、世間の価値観と自分の価値観を混同しないことです。

「金、地位、名誉」といったわかりやすいイメージでモチベーションを上げられるのは、外部からの報酬に敏感な外向型人間だけです。内向型人間は、自分の「内」にモチベーションの源《みなもと》を求めるしかありません。

仕事をはじめるのは、どうしてその仕事を行なうのかを心から納得してからにしてください。上司から与えられた仕事なら、目的や意義を理解するまで質問すべきです。納得してから取り掛かったほうが楽しめますし、結果的に早く終えられるはずです。

専門家を目指す

目標を立てることは、内向型でも外向型でも大切です。しかし、目標の立て方には注意してください。

たとえば、将来のキャリア像。ビジネスパーソンのキャリアは、さまざまな仕事を広く手掛けるマルチなタイプと専門家とに分かれます。これはフリーランスの場合はもちろん、会社員にも当てはまります。社内でどのようなポジションを獲得するかにはかなりの個人差があるためです。

私は、内向型人間は基本的に専門家タイプを目指したほうがいいように思います。「○○といえばこの人だ」というポジションに身を置くことができると、知らない仕事に戸惑《とまど》ったり初対面の人に会う必要が減りますし、何よりも自分がやりたいことだけに熱中できるので、モチベーションを維持しやすいはずです。

集中力の立ち上がりは遅いけれど、集中すれば誰にも負けない内向型人間は、マルチさを追求するよりもひとつの分野を極めるほうが向いているのでしょう。自分が本当に好きなことを見つけ、その分野のプロフェッショナルになってください。

数字よりイメージ

目標を数値化することでモチベーションを上げる手法も広く知られています。漠然と「高収入になりたい」「痩《や》せたい」という目標を立てるより、「年収○万円を目指す」「体重を○kg減らす」と数値化したほうが具体的でやる気が出るというものです。

確かにその通りではあるのですが、内向型人間にはあまり当てはまらないかもしれません。というのも、数値化できるような目標はえてして「外」からのモチベーションであり、先述のように内向型人間のやる気を引き起こさないからです。

そもそも、数値化するのは誰にでもわかる指標である「数字」を使うことで、ものごとを外部から客観的に見るためです。「高収入」の基準は人によって違うかもしれませんが、「年収一〇〇〇万円」は誰にとっても同じです。しかし、内向型人間を動かすのは主観的なモチベーションのほうです。客観的な数値にはピンとこない方のほうが多いのではないでしょうか。

内向型人間は、数値にとらわれるよりも、自分の頭の中にしかないイメージを大切にしてください。目標は「年収一〇〇〇万円」などの数値ではなく、「どんな人間になりたいか」「どんな生活をしたいか」という主観的なイメージでよいのです。

もし主観的イメージが明確になったら、より具体的にするために数値目標を立ててもいいでしょう。しかしその場合でも、あくまでイメージが主で、数字は手段に過ぎないことを忘れないでください。

リスクの正体がわかれば怖くない

目標が決まり、やることが見えてきても、なかなか行動に移せない場合も多いでしょう。熟考できる内向型人間はとくにこの傾向が強いはずです。次から次へとリスクが頭に思い浮かんでしまいますから、躊躇《ちゆうちよ》してしまうのです。

そもそもですが、人々がリスクを恐れるのは、リスクの正体がわからないからです。何が起こるかわからないと対処のしようがありません。だから怖くなるのです。リスクが存在すること自体は恐ろしくはありません。

私が会社を辞めてフリーランスになるときには、リスクはたくさんありましたが、別に怖くはありませんでした。フリーランスがうまくいかない場合にどういうリスクが生じるのかを把握しておいたからです。また、当時、内向型について情報発信をしている人があまりいませんでした。実際に会社を辞めるまでに約四カ月程情報を発信し、手応えを感じたことで独立に踏み切りました。

正体がはっきりしているリスクは対策も立てやすいため、恐れる必要はありません。リスクを明確化するには、次の四点を意識するといいでしょう。

・何に不安を感じているのか
・どんな情報が足りていないのか
・どうなれば動き出すことができるのか
・いつまでに答えを出すのか

です。

私がはじめて内向型の人に向けたワークショップを開いたときには、この方法を使いました。

・何が不安？
←
参加者が集まるかどうか不安。お金を貰えるほどの内容になるか不安。
・どの情報が足りない？
←
ワークショップを開催する具体的な手順がわからない。
・どうなったら動き出す？
←
ワークショップ開催の手順がわかり、充実した資料が完成したら。
・いつまでにワークショップを開催するか決める？
←
一週間以内。

こんな具合に、リスクを整理・細分化したのです。その結果、ワークショップは大成功でした。

ですから、ぼんやりとしたリスクを恐れる前に、リスクについて徹底的に調べてみてはいかがでしょうか。こういった調べごとは、内向型人間の得意分野のはずです。頭の中だけで考えていると不安が膨れ上がるだけですから、ノートやPCに書きだしながらリスクの正体を突き止めましょう。意外と、大したことはないかもしれません。

内向型人間は、深く考えて正しい結論を出す能力は十分にあります。ただ、考えすぎてしまう場合もあります。考えに考え抜き、リスクもすべて明確にできても動き出せないときは、誰かに背中を押してもらうのもありでしょう。

ルーチン化で脳の負担を減らす

結局のところ、内向型の脳の大敵は余計なことを考えてしまう点ですから、「考えること」をできるだけ減らすのが共通したポイントということになります。

その意味では、日々の作業をできるだけルール化して、考えなくてもよいようにするのも手です。たとえば「出社したらまずメールチェックをする」「デスクの整理は退社前に行なう」などと雑用をルール化してしまえば、「なんだかデスクが散らかってるなあ。片づけたほうがいいのかな？」などと悩むことがなくなります。

マニュアル化といったほうが正確かもしれません。何をどうやるかが自分の中で明確になっていれば、作業はスムーズに進みます。

全体として、内向型人間は計画性を持って仕事を進めたほうが、結果的にスピーディーで楽になります。その場の勢いや直観に頼るスタイルは、おそらく外向型向きなのではないでしょうか。

コミュニケーションに関しても同じです。

アウトプットは早めに終えておく

プレゼンや会議など他人を目の前にして話さなければいけない場面は少なくありま

せんが、そんな場に臨《のぞ》むときは、しっかりと準備をしてからにしてください。アドリブや勢いで乗り越えるのは、内向型人間には難しいでしょう。その場で考えることはもちろん、頭の中で考えがまとまっていたとしても、その考えをアウトプットするときに混乱したり、もつれることが多いからです。

内向型人間はアウトプットにも時間がかかるのです。その場の瞬発力でアウトプットしようとしても混乱してしまいます。

したがって、会議などでアウトプットを要求されるときは、予《あらかじ》めアウトプットを済ませてから臨むようにしてください。ここで言うアウトプットとは、紙に書きだすなど、言葉にして、ぼんやりしたものを明確にすることです。

アウトプットをするためには、まずはゴールを理解しましょう。そのプレゼンや会議には、必ずゴールがあるはずです。ゴールを理解すれば、ゴールにたどり着くための方法も見えてきます。

次に、プレゼン（会議）の相手の立場に立ってください。相手が上司なのか、同僚なのか、はたまた顧客なのかで、同じテーマでも表現や言い回しなどアウトプットの仕方は変わるはずです。

最後に、以上の観点からまとめたアウトプットをすぐに確認できる場所に置いておきましょう。いつも持ち歩く手帳やタブレット、ＰＣのトップ画面などです。

内向型の方から、プレゼンや人前で話すのが苦手という相談をよく受けるのですが、よくよく聞くと人前で話すこと自体が苦手なわけではないことがあります。ある営業の人は会社のプレゼンでは固くなってしまうのに、友人の結婚式や一〇〇人規模の会社のイベントでのスピーチはうまくいったそうです。それは、自分の興味のあるテーマについて話したり、話す内容を自分で考えたからです。

このようにプレゼン内容を深く理解できている場合も、アウトプットはスムーズになります。

インプットにも時間をかける

内向型人間がアウトプットに時間がかかる理由は、思考を言語に変換するのに時間を必要とするからではないかと考えています。

普通、人は頭の中にあるぼんやりとした概念や思考を言葉に変換してからアウトプットします。お腹の辺りに、なんとなく空虚な感じを覚えたら「お腹が空いた」、特定の人に、他の人にはない特別な好意を感じたら「好きだ」など。

しかし内向型人間は、思考→言語の変換に時間がかかるようです。これも神経経路が長いためかもしれません。

思考→言語の変換に時間がかかるということは、言語→思考への変換、つまり人の話を聞いて理解することにも時間がかかるということです。内向型人間が会議やプレゼンを苦手としている理由はここにもあるでしょう。

解決策はアウトプットの場合と同じで、時間をかけることです。上司から電話で仕事内容の指示があったら、もう一度メールで指示内容を確認したほうがいいでしょ

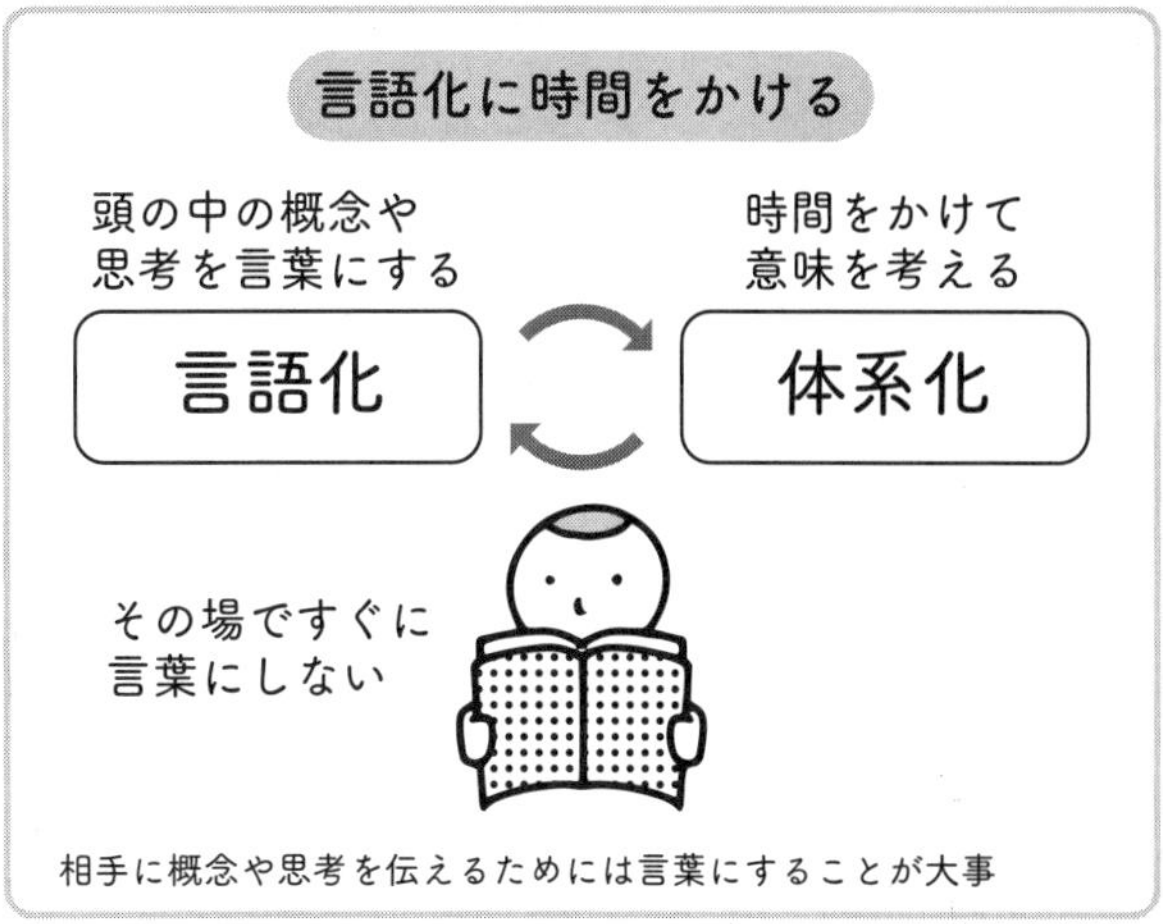

頭の中の概念や

意味を考える

その場ですぐに
言葉にしない
相手に概念や思考を伝えるためには言葉にすることが大事

う。ポイントは、アウトプットのときと同様に、何度も読み返せる文書の形にすることです。一回限りの発言は内向型人間には向いていません。

アウトプットについてもインプットについても、「自分はアドリブと発言は苦手」ということを念頭に置いておくだけでもかなり違います。無理に苦手な土俵で勝負をする必要はないのです。「もう一度確認してもいいですか」「少し時間をください」の一言を発せるかどうかが大事です。

私は会社の会議やプレゼンで発言することが苦手で、上司からも積極性がないと評価されていました。しかし実際は、アウトプット（発言）を形にする時間がなかっただけで、私なりにいろいろなことを考えていたのです。

そこで私は無理にその場で発言しようとはせず、会議（プレゼン）後にメールで意見や補足情報を送ることにしましたが、相手からの評価は上々でした。時間をかけて練ったメールであることもよかったようです。

思考⇅言語の変換に時間がかかるのも、無駄ではありません。時間をかけただけあって、内向型人間のインプットの精度や、アウトプットの結果、出てくる言葉の質は高いものになるでしょう。

まとめ

●外向型に流されず、内向型に向いた仕事の環境を作る
●内向型向きの仕事環境を作れれば、外向型と同等以上のパフォーマンスを発揮できる
●休憩をおろそかにしない

〈コラム1〉「ながら瞑想」のすすめ

私は、歩きながら瞑想をすることもあります。といっても、目をつぶって歩くわけではありません。それでは危険です。

ではどうするのかというと、足の裏に意識を集中するのです。言葉で考える必要はないのですが、この時の意識をあえて言葉で表現すると「今、右足に体重が乗ったな」「今、左足が地面を蹴《け》ったな」という感じになります。

このように、単純な動作を行ないながら瞑想をすることもできます。むしろ、普通の瞑想よりも簡単かもしれません。瞑想とは頭の中を空っぽにすることですが、ご経験がある方はおわかりのように、雑念が生じるため「何も考えない」のはかなり難しいのです。

そんな場合は、次善の策として「簡単なことだけに意識を集中する」やり方もあります。瞑想の解説のところで呼吸に意識を集中すると書いたのも、これです。同じように、歩くときの足裏の感覚とか、両腕を振る感覚など「だけ」に意識を集中すると、他の感覚が意識から消えますから、瞑想に近い状態になります。

安全が確保できる場所なら、このような「ながら瞑想」がおすすめです。特別なコツも要らず、脳はすっきりするでしょう。

第四章

人間関係をスムーズにする方法

ところで、ここまで私は、あまりコミュニケーションに重点を置かずに内向型人間について解説してきました。そのことを意外に思っている方もいらっしゃるかもしれません。「内向型＝コミュニケーションが苦手」という思い込みが、当の内向型人間たちを含め、広く存在しているからです。

私がコミュニケーションのことにあまり触れなかったのは、無理にコミュニケーション能力を鍛えようとして疲れてしまう内向型人間がとても多いからです。外向型人間を目指してしまったかつての私が、まさにそうでした。本書にコミュニケーションのノウハウとか他人とうまく話す方法などを書き連ねると、「外向型になろう」という誤ったメッセージを送ることになりかねません。

とはいえ、コミュニケーションに悩む内向型人間が多いことは事実です。そこでこの章では、内向型には内向型のコミュニケーションがあるということを前提に、人間関係で苦しまない方法をお伝えします。

「内向型＝人見知り」ではない

最初に確認したいのは、必ずしも「内向型人間＝人見知り」ではない、ということです。この誤解はとても根強く、内向型人間本人ですらそう思い込んでいることがありますから、注意してください。

内向型人間が、みな人見知りであるとは限りません。もちろん人見知りの内向型もいますが、人見知りではない内向型の人もたくさんいます。人見知りの外向型人間もいれば、そうでない人もいるのと一緒です。

ではなぜ誤った認識が広まったのかというと、雑談が苦手だったり、刺激が多い場所を避けがちだったりという内向型人間の特徴が、外部からは人見知りに見えるからです。

でも、雑談が苦手だからといって人見知りとは限りません。人見知りではないのに、自分が人見知りだと思い込むと、人づきあいの可能性を狭めることになります。

思い込みを捨てるためには、過去の人づきあいを思い返すといいでしょう。人づきあいを楽しんでいたり、意外と上手に人づきあいをしてきた事実が見つかりませんか？　もし見つかるのであれば、あなたは人見知りではありません。

コミュニケーションについての思い込みを捨てる

コミュニケーションはとくに、私がこの本で問題にしてきた、外向型人間を前提にしてしまう傾向が強い分野です。友人・知人をたくさん持ち、頻繁《ひんぱん》に、かつ直接会い、たくさん話せることがいいことだ、という偏見です。

私の答えはこれまでと同じです。外向型をスタンダードだと考えるべきではありません。

今述べたような人付き合いはもちろん素晴らしいことですが、友人の数が少なかったり、会う回数が少ないことが悪いわけではありません。特に刺激に弱い内向型人間の場合、「交友関係は広くなければいけないんだ」という思い込みから友人・知人の数をやたらと増やすのは考えものです。

誰とでも仲良くできることが正解だと思っていたとき、初対面だったり、あまりよく知らない人、苦手意識のある人の前だと萎縮して、自分の話ができなかったり、自分らしく振る舞えない自分が嫌でした。

もちろん、心から仲良くなりたいと思っているなら交友関係を広げればいいのですが、コミュニケーションは刺激ですから、無理につきあいを増やすと疲れてしまいます。少数の気が合う友人とだけ付き合うだけでも十分ではないでしょうか。

つきあい方についても、日本社会には偏見があるようです。直接話すことが大切だとされていますが、別に手紙でもメールでもいいのです。たまにメールをするだけの、しかし、とても大切な友人。素敵な人間関係だと思いませんか？

コミュニケーションは投資である

刺激に敏感で、疲れやすい内向型人間にとっては、コミュニケーションは心身を疲れさせる行為です。しかし、言うまでもなく、内向型人間にも人づきあいは必要ですし、有益な場合も多いでしょう。

したがってバランスが問題になるわけですが、私は、内向型人間にとっての人づきあいは「投資」である、とドライにとらえて、冷静に損得勘定をすべきだと考えています。何を投資するのかというと、心身のエネルギーです。費《つい》やすエネルギーを上回るリターンがあると予想できるなら、そのつきあいは実行すべきで、リターンがなさそうならやめましょう。日本では人間関係を打算的に考えることは良くないと思われがちですが、そんなことはありません。内向型人間は、コミュニケーションについて打算的になるべきです。

参加した飲み会やイベントの帰り道、もし他の参加者と帰りの電車も同じだった場合、当たり障《さわ》りのない会話や雑談が続くのは苦痛です。そういうときは電車に乗る前にトイレに行くと行って別れたり、寄り道するところがあると言って別のルートで帰ったり。一見つきあいが悪く見えますが、無理に付き合うこともないのです。

「会いたくない」は自己防衛

自分の気分を、自分でよく観察することも大切です。人に会いたい気分になることもあれば、逆に会いたくない日もあるでしょう。

私も、知り合いに会わないかびくびくしながら過ごす日もありました。そういう日はなんとなく人に会う気にならなかったから人を避けたかったのですが、びくびくしたのは、そんな自分が恥ずかしいと心のどこかで思っていたからでしょう。

しかし今はそうは思いません。人に会いたくないと感じるのは、内向型人間の限られたエネルギーが底を突きそうだからだと考えているからです。むしろ、自己防衛機能がよく働いているな、と胸を張れるくらいです。

一番よくないのは、そんなときに無理に人に会ってしまい、さらに疲れ果てること。体調が悪いときに無理をして風邪をひくようなものです。自分の体調に気を払うように、心の調子にも注意してください。一人で過ごしたい気分のときは、心が少し疲れているのかもしれません。

相手も内向型とは限らない

考えてみると妙なのですが、内向型人間は「世間では外向型がスタンダードだから外向的にならなければ」と考えがちである一方で、他人が自分、つまり内向型人間と同じくらい敏感だと思い込むことがよくあります。「今、急に質問したら驚かれるかな」「こんな頼みごとをすると疲れてしまうんじゃないだろうか」などと考えて、遠慮した経験はないでしょうか。

ですが、三人に二人は外向型人間です。相手が同じ内向型人間ならそのような遠慮も意味があるのですが、外向型人間なら遠慮は無用です。むしろ、「さっさと聞いてくれればいいのに」と思っているかもしれません。

相手が外向型人間の場合、内向型人間とはコミュニケーション方法を変えるべきです。あまり気を使わずに、素早くものごとを進めていったほうがお互いにとって利益があります。

興味のある分野のサークルに入り、一対一の人間関係を築く

新しい人間関係を築く方法は、大きく分けて二つあります。一つは、サークルや定期的な集まりなど、既存の人間集団に新たに入っていくこと。すでにできあがっている人間関係に新しく加わることです。

もう一つは、新しく個人と知り合うこと。こちらは、ゼロから一対一の関係を築くということになります。

ひとりで公園で遊ぶこともあった子ども時代とは異なり、社会人は多くの人が何らかの集団に属していますから、人間関係を広げる方法は、既存のサークルに入っていく前者のパターンが多くなります。

既存のサークルに入る場合は、自分が興味のある分野に関するコミュニティに入るのがおすすめです。当然ですが、ただ知り合いを増やしたいからという理由で興味のないコミュニティに入っても楽しめないし、会話も続かないでしょう。

ただし、無理はしないでください。大人数のコミュニティでは、情報量が増え、疲れてしまうからです。参加者が増えれば増えるほど、会話の量が増えるだけではなく会話のテンポも速くなるため、どんどん内向型人間にとってはハードになっていきます。

内向型人間が人間関係の輪を広げたいときは、基本的に一対一の関係を築いていったほうがいいでしょう。負担が小さいですし、後述しますが、個人を相手にしたコミュニケーションは内向型人間が得意とするものでもあるからです。新しくできるコミュニティの中でも有効です。まだ参加者同士の関係性ができあがっていないので、一対一のコミュニケーションをとって仲を深めていくのもおすすめです。

「聞く」コミュニケーションに力を入れる

コミュニケーションというと、「話す」スキルばかりが話題になりますが、同じくらい重要なのが、「聞く」スキルです。適度に同意をして相手の話すモチベーションを上げたり、適切な質問をして話を広げたり、聞くスキルは建設的な対話を成り立たせるためには欠かせません。

そもそもコミュニケーションの目的は、情報を共有したり、交換することではないでしょうか。一方的に話すのでは、コミュニケーションではなくアジテーションになってしまいます。

口下手の営業マンは、意外と少なくないという話を耳にしたことがあります。話すことは上手ではないけれど、聞くスキルが非凡だそうです。内向型人間は即興で話すことがあまり得意ではありませんが、問題はありません。聞くスキルがあればいいのです。

内向型人間は聞き上手

それに、何よりも内向型の人は聞くことが上手です。武器にできるのです。

脳の神経経路が長く、色々なことを考えてしまうということは、相手の言葉を様々に、また深く解釈できるということでもあります。

「元気ですか。体調など崩していませんか?」と挨拶されたとして、字面《じづら》通りに解釈するなら、「はい、元気です」という答えしか出てきませんが、熟考できる内向型人間なら「どうして体調に触れるんだろう。会っていない間に病気を経験したのかな。それとも自分の顔色が悪いのかな」などといろいろな解釈ができます。それはつまり、相手のメッセージから得られる情報量が外向型人間よりも多いということですから、話が膨らみやすいのです。

たしかに、レスポンスは多少遅れがちかもしれません。しかし、そもそもレスポンスの早さを求められるのは会議やプレゼンなど、ビジネスの特定の場面だけです。日常的なコミュニケーションでは、内向型人間くらいのスピード感がちょうどよいでしょう。

また、コミュニケーションとは会話だけで行なうものではありません。「非言語コミュニケーション」という専門用語があるくらい、言葉を使わないコミュニケーションも大切です。身振り・手振りはもちろん、ちょっとした表情の変化や声のトーン、視線や姿勢などでも、人は「語る」のです。

多様な解釈をする内向型人間はそんな情報も敏感に感じ取れますから、その点でも有利です。外向型人間が見落としかねないメッセージも拾い上げることができるでしょう。相手が一言しか発さなくても、極端な場合は何も話さなくても、内向型人間は相手の心の声を聴くことができます。

それは相手を深く理解するということです。人は、自分のことを理解してくれる人のことを信頼し、より深い話もしてくれるでしょう。

共通点は熱くなれるテーマ

私も人との会話が苦手で、なんとなく会話をつなぐために話題を振ってみたものの、話を広げることができず沈黙……ということが多々あります。そんなとき、内向型の人でも会話を盛り上げるコツがあります。

まず、よく言われることではありますが、相手との共通点を見つけることです。共通の友人、共通の趣味、共通の出身地などの共通点が見つかれば、話は盛り上がるでしょう。

共通点があるということは、相手が自分と同じ過去の経験を持っているということを意味しますから、お互いの本音と感情がぶつかりあうわけです。

共通点探しは簡単ではありませんが、直接会っている時点で、最低でも一つは共通点があることは間違いありません。多くの場合は仕事でしょうし、誰かに紹介されたなら、その紹介してくれた人が共通の知人ということになります。

少ない刺激でも楽しめる

内向型人間が聞き上手であることには、内向型人間の生き方を考える上でとても重大なヒントが潜んでいます。

それは「少ない情報からも、たくさんの情報を得られる」という点です。この特性は会話に限りません。

友人や知人の数が多くなくても、あるいは予定がぎっしり詰まっていなくても、内向型人間は数少ない友人やたまに入れる予定から、たくさんのものを得られるのです。外向型人間がアクティブに動き回っているのに、自分は大人しくしていていいんだろうか、という不安を抱く方は多いのですが、大丈夫。内向型人間は、一を聞いて十を知る、いえ、楽しむことができる人たちだからです。

一〇個の出来事から一つずつ情報（や経験、感動など）を引き出すとすると、情報の総量は一×一〇＝一〇ですよね。しかし、一個の出来事から一〇の情報を引き出しても、総量はやはり一〇です。

内向型人間の見かけはアクティブではないかもしれませんが、彼らの内部では日々、多くのドラマが起こっているのです。その激しさは、決して忙しい外向型人間に劣るものではありません。

社交辞令は危険

絶対に避けたほうがいいのは社交辞令です。内向型の特性に「自分の中にモチベーションを求める」、つまり心からやりたいことでなければモチベーションが上がらない、というものがありましたよね。

社交辞令とは当たり障りのない会話のことを指しますから、内向型人間はもちろん、外向型人間にとっても決して面白いものではありません。「いやあ、暖かくなりましたね」「ご出身はどちらですか？」といった社交辞令につきものの会話は、どう贔屓《ひいき》目に見ても退屈です。

もちろん、退屈でも場をつなぐことができれば問題ありません。しかし内向型人間は、面白くない社交辞令を交《か》わすことで、対話へのモチベーションがぐんと落ちてしまいます。相手の発した社交辞令に対して「はあ、まあ……」といった熱のない返事を返してしまい、その場の空気を冷え込ませた記憶はないでしょうか。

社交辞令は、内向型人間には向かないのです。

深い質問を楽しむ

では、どうやって会話をすればよいのでしょうか？　答えは、社交辞令の対極にあります。思いきり深い会話を交わせばいいのです。

普通は、相手の本音に切り込むような深い会話は、社交辞令を経たあとに交わされます。いきなり突っ込んだ質問をするのは、失礼だと思われています。しかし、社交辞令を交わすことで場の空気を冷え込ませるくらいならば、一段階とばして、いきなり相手の本音に迫ったほうがよいのではないでしょうか。

そもそも、本音＝失礼とも限りません。デリカシーを欠いていたり、プライベートについての質問は失礼ですが、そんなテーマに触れなくても相手の本音を引き出すことは可能です。本音とは、その人が本心から思っていること、その人の個性が表れる発言のことです。必ずしもプライベートに迫る必要はありません。

とはいえ、これだけでは解答にはなりません。「じゃあどうやって本音を引き出せばいいんだ」という声が聞こえてきそうです。

それは相手の価値感や考え方を探るということです。

質問は「What」より「Why」

相手に質問をする場合は、「何を」を問う「What」よりも、理由を問う「Why」のほうがいいでしょう。「What」の質問をしてしまうと、興味が持てない答えが返ってきてしまう恐れがあるからです。

たとえば「お仕事（ご趣味）は何ですか？」と聞いて、帰ってきた答えがまったく興味が持てないものだったら、内向型人間のモチベーションは一気に落ちてしまいます。もちろん関心がある答えがもらえればいいのですが、その可能性は高くないでしょう。

しかし、「Why」つまり理由を尋ねると、必ずその人の過去や価値観など、本音に関わる深い答えが返ってきます。すると、興味を持つことができるはずです。

もし「What」の問いを発して返ってきた答えが興味がないものであっても、そこに対して「Why」の質問を繰り出せば、会話は熱量を保ったまま続けられます。「お仕事は何を?」と聞いて「株のトレードを……」と、まったく知識も関心もない答えが返ってきても、「なぜトレードを仕事にされたんですか?」と「Why」に転じればいいのです。そこに本音を見つけることができるかもしれません。

本音は過去に潜んでいる

今触れたように、人の「過去」についての会話には本音が現れやすいものです。しかし逆に、「未来」についての会話は、往々にして形式的なものになりがちです。「今後はどういった仕事をしたいですか」「将来のビジョンは?」などと聞いても、「がんばります」「自分らしさを追求したいです」などと、どこかで聞いた答えしか返ってきません。

この傾向には理由があります。

当たり前ではありますが、人は未来を経験することはできません。しかし、過去は漏れなく経験しています。そして経験には必ず感情が伴います。今の部署に異動できてほっとした、大学のボート部では全国大会に行けず悔しかった、などなど。

人は、自分の感情について語るときには本音を出さざるを得ません。というより、本音とは感情を伴う発言である、と定義することもできるでしょう。ですから、本音はその人の過去に潜んでいるのです。

そして感情を伴う会話をすることは、相手への共感につながり、ひいては会話のモチベーションを上げることになりますから、内向型人間にとっては重要です。

感情を伴う本音の会話には、相手を怒らせるなどリスクがあると心配する方もいるかもしれません。たしかに、四六時中そのような会話をする人は、面倒な人間だと思われる恐れはあります。

しかし、内向型人間はコミュニケーションの量を絞らなければいけないことを忘れないでください。コミュニケーションは多くはないけれど、いざ話すと本音で深い話ができる。それは、コミュニケーションの質が高いということに他なりません。

内向型だと思われることを避けない

もっとも、ここでご紹介しているようなコミュニケーション術を過度に意識することはないとも考えています。内向型人間は、内向的でいいのです。

気が向かない飲み会に誘われたときに、どう断るかについて悩んだ経験をお持ちの方は多いでしょう。人づきあいが悪いヤツだと思われたくはないけれど、行きたくもない……。

そんなときは、素直に「今日は行く気分じゃないので」と伝えてしまいましょう。相手にも、あなたが外向的ではないということが理解してもらえます。そのうちに、別に嫌われていないけれど誘いはこない、という「美味しい」ポジションに落ち着けるはずです。

私にとっても、会社の飲み会は大きなストレスでした。疲れてしまうので基本的に出たくはないのですが、断るのも相手に悪い気がする。行けば疲れますし、断っても心理的に疲労する。どっちに転んでもひどい目に遭《あ》うのが飲み会でした。

しかし、思い切って断るようになってからは、むしろ誘ってくる人たちとの関係は良くなりました。ひょっとすると、彼らは私が本音を隠していたことに気づいていたのかもしれません。本音を隠す人間とは距離を置くしかありませんが、本音を出してくれる相手とは、本音の内容を問わず、腹を割って付き合えます。もちろん、私の気持ちが楽になったことは言うまでもありません。

「内向型」という言葉を使う必要はありませんが、内向的な人間であることを周囲に知らせることは大切です。

「予定がないという予定」を作っておく

急な誘いが来たときに悩まないようにするためには、あらかじめ予定を入れておくのも手です。どういう予定かというと、「何もしない」という予定です。

疲れやすい内向型人間にとって、予定の入れすぎは厳禁です。しかし予定に空きがあると、「予定があるので……」という断り方ができず、乗り気ではない誘いを断り切れないリスクがあります。

そこで私がおすすめしたいのは、予定を入れずに回復するための時間を、予定として組み込んでしまうことです。「予定がない予定」です。もし週末の土日二連休のうち、少なくとも一方はゆっくり過ごさないと疲れてしまうとわかっているなら、土曜か日曜を丸々空けておきましょう。その日には「何もしない」という大切な予定があるわけですから、新しい用事を入れることはできません。

愛想笑いをしない

内向型人間のコミュニケーションでもっとも大切なことは、「周囲に流されない」ことかもしれません。

一般に、内向型人間はそれほど表情豊かではありません。いつもムスっとしているというわけではなく、怒りや不快の感情も含めて、外から見たときにどういう感情を持っているのかが見えにくいということです。私はいつも冷静で落ち着いているように見えるらしいのですが、内心ではいい気分のときも、イライラしているときももちろんあります。

感情の起伏があまり表に出ないのは、もともと落ち着いている人が多いのも理由かもしれませんし、副交感神経優位であることも関係がありそうですが、いずれにしても少しややこしい問題を引き起こします。自分にとっても、自分が何を考えているのかがわかりにくくなってしまうのです。

人は悲しいから泣くのではなく、泣くから悲しいのだ、という説があります。その真偽はともかく、感情が表に出ないと、周囲にとっても本人にとっても、何を考えているのかを見失いやすくなります。すると、相手が混乱してしまう可能性がありま す。

したがって、まずは周囲に自分が何を感じ、何を考えているのかをはっきり伝えるようにしてください。内向型であることを伝えたほうがいいのも同じ理由です。

特に、ネガティブな感情を隠すのは自分の首を絞めることになりかねません。疲れているときは疲れているそぶりを見せてもいいし、不快なときは不快であることを表に出してください。もしかすると相手は、あなたがどう感じているのかを知りたがっているかもしれません。

そして、何よりも内向型人間は周囲に合わせる「ふり」をやめましょう。「ふり」

をするということは自分自身をだますことであり、そのうち、本心を見失うからです。愛想笑いも、心からの笑いと区別できなくなり、「あれ、自分は実は喜んでいるのではないか？」と思いはじめるのでやめたほうがいいでしょう。

つまり、自分の本心を見失ってしまうのです。それは自分の内部に生きる内向型人間にとっては、ものごとの判断基準を失うということです。これほど恐ろしいことはありません。

外向型のふりをする内向型人間

実際、内向型の人々の相談に乗っていると、外向型のふりをしてしまう人が非常に多いことに気づかされます。理由はもちろん、今の世の中では外向型がスタンダードだとされているからです。

外向型を装《よそお》う内向型人間が多いと、本人が疲れ果ててしまうこと以外に、「内向型の多さが見えにくい」という重大な問題が生じてしまいます。

前述のように、およそ三人に一人は内向型人間ですから、内向型はマイノリティではないのです。あなたの周囲にもたくさんいるに違いありません。しかし、ほとんどの内向型人間は自分がマイノリティだと思い込んでいます。

そんな勘違いが生じるのは、内向型人間の多くが自然体で生きられず、外向型のふりをしてしまっているためです。あなたの周囲の「外向型人間」も、もしかしたら実は内向型の人々かもしれません。

知人や同僚が内向型かどうか気になる場合はどうすればいいでしょうか？　振る舞いで判断することは難しいでしょう。本当は内向型なのに、外向型を装っているかもしれません。かといって、まさか八ページにある診断テストをやってもらうわけにもいきません。

ある人が内向型かどうかを知りたいときは、休日の過ごし方を聞いてみてください。外出が多いアクティブな人はおそらく外向型でしょう。逆に、家にいたり、一人で過ごすことが多い人は内向型である可能性が濃厚です。答えにくそうにする人も、おそらく内向型でしょう。もじもじするのは、外向的な休日を過ごしていないことにコンプレックスを持っているからです。
もちろん、内向型だけど社交的な人もいます。もしそうであれば、それは自分らしくいられるということでもあり、大切にすべきものでしょう。

まとめ

●現代社会でのコミュニケーション術は外向型が前提になっているため、内向型には向かない。まずは「～しなければいけない」という思い込みを捨てる
●コミュニケーションにおいても、内向型人間だけの強みがある
●自分が内向型であることから逃げず、向き合う
●自分の内部との対話を大切にする

第五章

内向型を強みにする

ここまでは、内向型人間が苦しまず、自分らしく生きられる方法について書いてきました。ただ、繰り返し述べてきたように、内向型の性格は決して弱点ではありません。この第五章では、内向型の性格を強みにする方法について、仕事編と人間関係編に分けて解説します。

〈仕事編〉

独創性があり説得力のあるプレゼンができる

コミュニケーションが苦手だと思われがちな（あるいは思い込みがちな）内向型人間ですが、実は内向型人間は、プレゼンも得意なのです。

ただ、私自身がプレゼンを苦手としていたため、内向型がプレゼンに向いていると聞いても半信半疑でした。しかし実際に内向型の人々の相談を受けていると、彼らの中にはプレゼンが得意な人が少なくないのです。中には、プレゼンで賞をとったことがある方もいました。

以前、内向型の方にコーチングをした際に「プレゼンの資料作りに時間がかかって困っているんです」と相談を受けたことがあります。他の仕事の時間を圧迫してしまっている、ということでした。

周囲からのプレゼンの評価はどうでしたか、と聞くと、「とてもよかった」と言います。

聞くと、「時間をかけてテーマや出席者について調べる」「プレゼン内容を文書にまとめてから臨む」などと、内向型人間の強みを活かしたプレゼンをしていることがわかりました。つまり、時間がかかった代わりにクオリティの高い仕事を残せているということなので、本来は悩む必要がない話なのです。よい仕事をするのに時間がかかるのは当然です。

勢いやアドリブに頼るプレゼンでは外向型人間に勝てませんが、このように、

・準備や調べものにリソースを投入する
・文書などの形で、頭の「外」に考えをまとめる

など内向型人間に向いた方法で準備をすれば、外向的な人々を上回るプレゼンができるのです。大切なのは自分の適性と強みを知ることです。

プレゼンが苦手だった私ですが、スライドを使うことで克服できました。できるだけシンプルに、図やイラスト、写真も入れて視覚的にも伝わるよう心がけました。何も言葉だけで説明する必要はないのです。

ストイックに課題に取り組める

スポーツ選手にも内向型人間が多くいます。例えば、野球のイチロー元選手がそうです。メディアへの受け答えや、九時間ぶっ通しでバッティング練習をしたエピソード、バッターボックスに立つ際にいつも同じ動作をするなどルーチンが多いことも、いかにも内向型人間です。他には、サッカーの長谷部《はせべ》誠《まこと》選手やフィギュアスケートの羽生《はにゅう》結弦《ゆづる》選手も、私が見る限り内向型でしょう。

アスリートに内向型が多い理由は、孤独に耐える力があるからだと考えられています。

アスリートとして結果を出すためには、辛く苦しいトレーニングを長期間続けなければいけません。もちろんチームメイトや知人とトレーニングをしてもいいのですが、苦しみを分かち合うことはできません。不調や怪我で試合に出られないときも、自分と向き合い、冷静な判断力を養っています。アスリートは孤独と戦わなければいけないのです。

スポーツ選手を含め内向型人間には、周囲に左右されず、孤独に目標に向かい続ける能力を持つ人が多いことがわかっています。外部よりも自己の内部に重きを置いているということは、他人に左右されず、孤独に強いということでもあるからです。ストイックに努力を続けられるのは、内向型人間の強みの一つです。

短期記憶は苦手だが、長期記憶が得意

第二章で、内向型人間はものごとを考えるのに時間がかかると述べましたが、それは脳の神経経路が長く、過去の記憶や感情が付随してくるので情報処理に時間がかか

るからです。

記憶には、数秒から十数秒しか保持されない「短期記憶」と、年単位で保持される「長期記憶」とがあります（他の区分もありますが、ここでは触れません）。人は短期記憶に七プラスマイナス二個程度の数字や文字を記憶することができるのですが、その一部が長期記憶に送られ、長く記憶に留《とど》められます。

内向型人間は、短期記憶に保持できる量が少ないと言われています。しかし逆に、長期記憶に多くの情報を記録したり、その記憶を適切に引き出してくる能力は高いらしいのです。ですから、昔のことをしっかりと覚えていたり、必要に応じて重要な出来事を思い出すことができます。

長期記憶に優れていることは、一人での思考でも対話でも、内向型人間の強みになるでしょう。たとえば、ものごとを深く理解するためには長期記憶に格納してある様々な情報と照らし合わせる必要があります。

記憶と照合できれば、新しいプロジェクトを始めるときに、以前のプロジェクトの失敗経験や改善点を活かすことができます。ビジネスでは、即断即決を求められたり、失敗を恐れるなとよく言われますが、内向型人間は、ものごとを慎重に判断できるのです。

移動時間は思考を深める時間

会社員は、一日のうち相当の時間を通勤に費やしているはずです。片道一時間で週五日勤務なら、単純計算で毎月四〇時間、年に五〇〇時間近くを電車内で過ごしていることになります。五〇〇時間を日数に直すとおよそ三週間。大変な時間です。

多くの人はできるだけ移動時間が少なくなるように通勤ルートを組み立てると思うのですが、このやり方は内向型人間には向いていません。乗り換えがせわしなくなってしまう可能性が高いためです。

乗り換えなしで一時間、確実に座り続けられる各駅停車の電車に乗る通勤ルートと、三〇分しか乗らないけれど乗り換えが三回ある立ちっぱなしの特急列車とでは、どちらのほうが疲れるでしょうか？

内向型人間の場合、答えは後者です。乗り換えに伴う移動や満員電車内での快適な位置の確保はかなりの刺激ですから、疲労に繋がります。したがって、多少時間がかかっても、乗り換えの少ないルートを選ぶべきです。

見せかけの効率の良さで通勤ルートを決めるべきではない理由はもう一つあります。刺激が少ないまとまった時間があると、内向型人間は思考を深めることができるのです。仕事の際に、時間を細切れにしないほうがよいのと同じです。

別に電車内で仕事をせよ、と言っているのではありません（仕事をしてもいいとは思いますが）。内向型人間は、日々、仕事以外にもいろいろなことを考えているはずですから、通勤時間を大切な思索《しさく》に充《あ》ててもいいでしょう。将来についてのよい考えがまとまるかもしれません。

内向型だってリーダーになれる

内向型の人は組織のリーダーになれないと思い込んでいる人も多いのですが、間違いです。政治やスポーツの世界などで活躍している人や、成功をおさめた経営者には内向型の人間がたくさんいます。

スーザン・ケインは、内向型の人はすぐれたアイデアを出すことやリーダーシップで大きな役割を持っていると述べ、内向型人間の著名人に、マハトマ・ガンジー、ウォーレン・バフェット、ビル・ゲイツ、アル・ゴアなどの名前を挙げています。例えば、ビル・ゲイツは人と交わらず、他人の意見に惑わされることもない内向型のリーダーであるそうです。

一方で、外向型のリーダーはハキハキと指示を出して組織を引っ張るイメージがありますが、内向型人間はそういったリーダーシップは苦手かもしれません。しかし、それだけがリーダーのあり方ではありません。もし全員を前にして話すことが苦手でも、内向型人間は一対一のコミュニケーションは得意ですから、一人ずつ話をすればいいでしょう。指示を出したり主張をすることが好きでないなら、全員から意見を聞きだして、それをまとめればいいのです。

Facebook の創業者、マーク・ザッカーバーグも内向型で、スピーチでは多弁で数々の名言を生み出したもののインタビューや社内での対話は苦手で、Facebook が大企業に成長したあとも組織内でのコミュニケーション不足が問題になっていたようです。しかし、のちにザッカーバーグは経営陣の一人ひとりと話す時間を持ち、会社の現在の目標やfacebook社で何を優先すべきかなどを話し合うことで、リーダーシップを発揮することに成功します（『フェイスブック　若き天才の野望　五億人をつなぐソーシャルネットワークはこう生まれた』、デビッド・カークパトリック、日経BP社）。

集団の先頭に立ち、雄弁に語ることだけがリーダーの仕事ではありません。むしろ逆に、一人ひとりとじっくり語り合い、ビジョンを共有するタイプのリーダーがいてもいいはずです。内向型リーダーには内向型の強みがあるということです。

どんな仕事も、内向型向きにできる

よく「内向型人間に向いた仕事はありませんか」と聞かれるのですが、そんな仕事はありません。というのも、どんな仕事でも内向型人間に向いた方法でやれば内向型向きになりますし、内向型人間に向かない方法でやってしまったら、内向型には向かないからです。

結局はやり方の問題なのです。ご自分の可能性を狭めないでください。もし今の仕事が内向型であるご自身に向いてないと感じても、仕事を変えようと思う前にやり方を変えることをおすすめします。

前にも少し触れましたが、内向型に向いていないように見える職業でも、成功している内向型人間はいくらでもいます。たとえば営業職。たくさんの見知らぬ人と、しかもアドリブで話さなければいけない営業職は、いかにも内向型に向いていないように思えますよね。

しかし、私が知っているだけでもかなりの数の内向型人間が、営業職として成功しています。彼らに共通しているのは、自分が内向型であることを理解し、その強みを仕事に活かしていることでした。

内向型に悩む営業マンへの研修を行なう「サイレントセールストレーナー」として活動する渡瀬《わたせ》謙《けん》さんは、ご自身も口下手な性格を逆手にとって、トップセールスマンになった経験があるそうです。無理して明るく振る舞うことをやめ、自分が口下手であることを正直にお客様に伝える一方で、有益な商品の資料はしっかり準備するようにし、それが相手との信頼関係を生んだのです。

これらは一例にすぎません。自分が内向型であることを見つめ、その強みを活かせる方法を見つければ、どんな職業でもうまくいくでしょう。

他人と比べる必要はない

少し不思議なのですが、自分が内向型人間であることを知ると、他人と自分とを比べることがなくなります。ここでいう「他人」は、外向型・内向型を問いません。内向型にも外向型にもいろいろな人がいるけれど自分は自分でいいのだ、と思えるようになるのです。

おそらく、本来の自分ではない存在になろうとすることの無意味さに気づくからではないでしょうか。人には皆、生まれ持った性質があり、それを活かして生きていくべきなのです。

他人と自分を比較して苦しんでしまう人は、他人の優れた点を見たときに「どうして自分はああではないのだろう」と考えてしまいます。しかし、人間はすべて異なる存在であることを知ると、「あの人は、あの点では確かに優れている。だけど、自分には別の優れた点がある」と考えられるようになります。

すると、自分だけではなく、他人も尊重できるようになるでしょう。自己卑下《ひげ》と他人への攻撃的な姿勢は、表裏一体なのです。

アウトプットを習慣化し、自分を知る

内向型人間の武器は思考力です。脳の神経経路が長くて、いろいろなことを考えられるという点では思考力の幅が広く、熟考できるという意味では思考力が深い。縦にも横にも広がりを持っているのが内向型人間の思考です。

ただ、その思考を活かす力も優れているかと言うと、残念ながらそうとは限りません。短期記憶が得意ではないため、せっかくの思考の内容も長期記憶に定着する前に忘れてしまうことが少なくないのです。「あれ？　いいことを思いついた気がするんだけど……」というご経験をお持ちの方は多いでしょう。

そういうときは、ノートでもブログやSNSでもいいので、考えたことを文字にして残すようにしてください。こまめにアウトプットをする習慣をつければ、大切なア

イデアを残しておくことができます。

思考を文字の形でアウトプットすることには、内向型人間にとって、他にも非常に重要な意味があります。

それは、自分の内面の「見える化」です。内向型人間は、ひとりで考え事をしたりと、外向型人間よりも自分の内面で過ごす時間が長いことが特徴です。つまり、内向型人間にとって、自分の内面は居場所なのです。

自分の内面を知ることができるのは自分だけです。

失敗から学び、逆境に負けない

アウトプットの習慣があれば、失敗から学ぶことも可能です。過ぎたことでいつまでもくよくよしているのは無駄ですが、内向型人間の思考力で失敗を深く分析すれば、必ず得られる学びがあるはずです。

仕事のコンペで、ライバルに負けたとします。誰でも落ち込みますよね。落ち込むこと自体は自然ですから、問題はありません。しかし落ち込んでいるだけでは、まったく前に進めません。負けた原因はなんだったのか？　次はどうすれば勝てるのか？　ノートでもスマートフォンでもなんでもかまいませんから、アウトプットしながら探してみましょう。

アウトプットは、非生産的な「落ち込み」のループから脱出するためにも効果的です。冷静に振り返ると、落ち込んでいるときは、決まってアウトプットがないときに限られることに気づくでしょう。アウトプットをして、失敗や不安を乗り越えようとしているときは、落ち込んでいる暇などないからです。

内向型人間は過去を引きずりがちですが、裏を返すと「反省能力が高い」「逆境に強い」と見ることもできます。つまり、成長のチャンスを手に入れやすいのです。

二〇一八年九月に行なったワークショップでは、参加者たちが気づいたことをSNSでシェアしてくれました。それを読むと、内向型人間がいかにひとつのことから多くの気づきや学びを得られるのかがわかります。

内向型は自己投資にお金を使おう

内向型人間は、あまり物欲が強くありません。私もそうです。服でも、時計でも、ティーカップでもなんでもいいのですが、欲しいものが常にたくさんある内向型人間は珍しいでしょう。物欲が弱いのは、内向型人間が自分の「外」にあるものにあまり価値を感じないためです。上司の指示など外部からの動機づけがモチベーションにならないのと同じです。

また、刺激に敏感なので、娯楽にもあまりお金を使いません。ギャンブルや夜遊びにのめり込む内向型人間がまずいないのは、そのためでしょう。

私自身もそうですが、物欲が弱く、娯楽もあまり求めないということは、その分のお金が浮くということでもあります。つまり内向型人間はコストパフォーマンスがいいのです。

浮いたお金は自己投資に使うことをおすすめします。モノや娯楽に使うのではなく、自分を磨いたり、スキルを伸ばすことなど、自分の「中」のためにお金を使うほうが幸せに近づけるのではないでしょうか。

目標は一つだけ

私が独立したときの目標は「内向型の存在を世の中に広める」という一点だけでした。普通、フリーランスになる人は「○カ月後に○万円稼ぐ」「副業でスキルアップする」などといった数値目標をいくつか立てるようですが、内向型人間である私は、そのような目標にまったく魅力を感じませんでした。

複数の目標を立ててマルチタスク的に進めたり、一つの目標の手前にもう一つ「プランB」の目標を立てるやり方も流行していますが、内向型人間には向かないと思います。思考力を分散させるのは、複数のことを同時に考えるのが苦手な内向型人間では御法度です。

目標が少し難しそうなものであっても、内向型人間がしっかりと準備し、集中すれば達成できる可能性は大きいはずです。「あれも、これも」と色々な目標を立ててしまうと、結局どれもが中途半端に終わり、落ち込むことになりかねません。

仕事でもプライベートでも、目標を立てる場合には、「絶対にこれだけはやる」ということだけに絞り、集中するようにしてください。

これまで行動力がない自分がイヤでしたが、内向型人間はやりたいことや納得していることのためならば動き出せるのだと自分でも驚いています。目標をひとつのことに絞ったことで、充実した日々を送っています。

心のコントロールができる

第二章で説明したように、内向型人間は、心身のバランスを整える自律神経が、興奮しているときに優位になる「交感神経」ではなく、リラックスしているときに優位になる「副交感神経」に偏っているのが特徴です。

しかしもちろん、内向型人間でも交感神経が優位になることはしばしばあります。たとえばスポーツをしているときには交感神経が優位になりますし、まずないとは思いますが、ケンカの最中は交感神経が優位です。

交感神経と副交感神経が適切に切り替わっているときは問題ないのですが、内向型人間の場合、仕事をしすぎたり人に関わりすぎたりすると、興奮から交感神経が優位になりすぎて自律神経が乱れてしまうことがあります。すると、自律神経はメンタルとフィジカルの両方をつかさどっていますから、体調が悪くなったり疲れやすくなってしまいます。もし調子が悪い内向型の方がいたら、自律神経のバランスが崩れているのかもしれません。

そんなときは、副交感神経が優位になる時間を意図的に増やし、心身を休息させてあげてください。ご紹介した瞑想や軽いストレッチ、入浴などが効果的です。

「パーッと騒いでストレス解消」は間違い

注意してほしいのは、ストレスへの対策は内向型人間と外向型人間で正反対だということです。以前書いたことのおさらいになりますが、人間はストレスにさらされると、本来優位であるほうの神経系が前面に出ます。つまり、外向型人間がストレスに直面すると交感神経が優位になり、内向型人間の場合は副交感神経が優位になるということです。

優位になる神経系が違うならば、当然、ストレス解消法も異なります。興奮をつかさどる交感神経系が優位になる外向型人間なら、飲み屋でパーッと飲んだり、コンサートで騒いだりすることがストレス解消法になりそうです。実際、世の中で「ストレス解消法」として紹介されているのは、どちらかというと騒ぐスタイルですよね。

しかし、ここにも外向型がスタンダードになってしまっている落とし穴があります。ストレスがかかると、リラックスをつかさどる副交感神経が優位になる内向型人間は、騒々しい環境では逆に疲れてしまうでしょう。ストレス解消をしようと飲み屋に行ってみたけれど、かえって疲れてしまった……という経験をした内向型人間は多いと思います。

内向型人間は、静かな環境でひとりで過ごすと回復できます。「パーッと騒いでストレス解消」は内向型人間には当てはまらないことを覚えておいてください。

〈人間関係編〉
より深い関係性が築ける

以前、内向型の方から「仲良くなりたい人がいるが、どうすればいいのかわからない」という相談を受けたことがあります。別に恋愛感情を抱いていたのではなく、純粋に仲良くなりたいということでした。

同じような悩みを持ったことがある方は少なくないのではないでしょうか。内向型人間には、「自分は人と仲良くなるのが苦手だ」と思い込んでいる方が多いものです。しかし、それも思い込みに過ぎません。内向型人間の強みを活かした方法で近づけばよいだけの話です。

その方への私の答えは、「親しくなるための準備をしてから近づいてください」というものでした。内向型人間は、じっくりと準備をするのが得意。課題が人間関係でも、守るべき基本は変わりません。

具体的には、相手が興味を持ちそうなテーマを調べ、その中から自分でも関心が持てそうなテーマだけをピックアップし（というのも、内向型人間は自分の興味がない分野にはモチベーションが湧かないので）、それらのテーマについて下調べをしてはどうですか、というアドバイスをしました。

映画好きの相手なら、相手が好みそうな映画監督や映画について「予習」をし、「○○、見た？」とか「××はおすすめですよ」といったコメントが自然に出るくらいまでは準備をしてください。まるでよくある恋愛術のようですが、実際、効果があるからこそ長く語り継がれているのでしょう。

重要なのは、どんな場面でも内向型人間に向いた戦略の基本をしっかりと守ることです。この場合は、「内向型は準備に力を入れるべし」という基本に立ち返っただけの話です。

内向型人間も恋をする

今の例は恋愛相談ではありませんでしたが、恋愛について悩んでいる内向型人間も多そうです。内向型人間は人づきあいが苦手だから、恋愛もうまくやれないに決まっている……と、自分を卑下してしまうわけです。

そんなわけはありません。

もし仮に内向型人間が恋愛できないのだったら、あなたはこの世界に存在していません。性格も、体のつくりと同じように遺伝子の影響を受けています。内向型人間が今もたくさん存在するのは、内向型に関連する遺伝子がずっと引き継がれてきたからです。

遺伝子は親から子へ引き継がれますから、内向型の遺伝子が今もたくさんあるということは、過去に存在した無数の内向型人間が恋愛をし、子孫を残してきたということです。内向型であることが恋愛の足を引っ張ることはありません。

もし内向型の性格が恋愛のハンディになるとしたら、それは内向型に向いていない方法で恋愛をしようとした場合です。ですから、ここでも原則はやはり同じ。内向型の強みを知り、それを恋愛にも応用しましょう。

親しくなるために準備をしたほうがよいことは伝えましたが、他にもあります。たとえば、大人数で相手と会うより、できるだけ一対一のシチュエーションを作ってください。理由は……もう繰り返さなくてもいいですよね。内向型人間は、一対一が得意だからです。

外向型との相性はいい

また、恋愛でも仕事でも、外向型人間を避ける必要はまったくありません。むしろ、内向型人間と外向型人間の相性はよいのです。

私は結婚しているのですが、妻はかなりはっきりとした外向型人間です。私とは対照的に、常に何かをしており、口癖は「暇」。何もせずにぼーっとしていることが苦痛らしいのです。山に紅葉を見に行っても、私はじっと紅葉を眺めていたいのですが、妻はぱっと見て雰囲気を楽しんだら満足します。そしてさらなる刺激を求めて、次の観光スポットにすぐに移動したがります。典型的な外向型人間と言えるでしょう。

そんな妻と私が一緒に生活をするのは無理があるように見えるかもしれませんが、意外とそんなことはありません。むしろ、妻の外向的な姿勢がありがたいこともよくあります。

たとえば、内向型の私もどこかに出かけたくなることはあるのですが、決心に時間がかかるのでなかなか動き出せません。しかしそんなときに外向型の妻がいると、私の背中を押して外に引っ張り出してくれます。我が家では、「旅行に行こう」と言い出すのは決まって妻です。

ですが、私も黙って妻についていくだけではありません。旅行先が決まったら、細かいスケジュールを立てたり、ルートを決めたりするのは私の役割です。こういった役割分担は話し合って決めたわけではなく、お互いの性質の違いから自ずから作られていったものです。

妻にとっても、外向型の妻にない特性を持っている私は有意義（？）な存在であるらしいのが面白い点です。たとえば妻は家電などの高額の買い物をするとき、ついその場の勢いで買いそうになってしまうらしいのですが、冷静にライバル商品とのスペックを比較したり、そもそも本当に必要なのかを検討する私がいるため、衝動買いを防げていると彼女は言います。

夫婦関係に限らず、同じようなケースは成り立ちます。もちろん、波長が合う内向型どうしの付き合いも心地いいものです。マニアックな深い話もできますし、一緒に出掛けても同じペースで楽しめます。しかし、外向型人間との相性もとてもよいことを知っておいてください。

内向型であることを伝えておく

ただ、内向型人間が外向型人間と付き合うときには、自分が内向型であることを伝えておく必要はあります。私も結婚したての頃、一人で過ごしている部屋に急に入ってきた妻に注意をしたところ、逆に怒らせてしまったことがありました。妻は、自分がないがしろにされたと感じたのです。

私は自分が内向型であり、したがって一人で過ごす時間も必要であることを話し、納得してもらえました。それ以降は、私がひとりでいる部屋に入るときにはノックをすることが家のルールになっています。

もっとも、自分が内向型であることを自分自身で理解していなければ、相手に伝えることもできませんよね。その意味でも、まずは自分自身を知ることがもっとも大切です。互いに内向型・外向型であることを知って意識さえしていれば、無駄に衝突することはなく、むしろお互いを高め合うことができるはずです。

まとめ

●時間をかければ質の高い仕事ができるのが内向型人間
●どんな仕事も、内向型に適した方法でやれば「内向型向き」になる
●内向型人間のストレス解消法は、外向型人間のストレス解消法とは異なる
●内向型人間と外向型人間は相性がいい

〈コラム2〉 内向型人間のトリセツ

本書では内向型人間に向けた解説をしていますが、本人は必ずしも内向型ではないけれど、仕事などで内向型人間と付き合わなければいけないという人も多いと思います。内向型人間とは、どのように付き合えばいいのでしょうか。

そのヒントは本書にたくさんありますが、もっとも大事な点は次の三点でしょう。

●会話の間《ま》を大事にする

内向型人間に、素早いレスポンスを求めてはいけません。彼らには考える時間が必要です。決してぼんやりしているわけではないことを理解してください。また、即答がないことを拒否や不満の表れだと解釈しないことも大切です。

私もかつては、この点でずいぶん苦労しました。上司に「この仕事、明日までにできる?」などと聞かれると、できるかどうかを考えている間は答えられないのですが、上司にとってはその「間《ま》」が、不満の表明に見えたらしいのです。少しだけ時間を与えれば、しっかりした答えが返ってくるのが内向型人間です。焦らずに、また「間」を深読みせずに少しだけ待ってください。

●集中しやすい環境を作る

内向型人間の集中しやすい環境を作ることも大切です。内向型人間は、刺激に敏感で、集中力が途切れると、再び集中するのに時間がかかります。ですから、できるだけ、不要不急の声かけや雑談で集中を途切れさせることは避けたほうがいいでしょう。

もし可能なら、職場にパーテーションなどで仕切りを作れたらベストですが、それが難しい場合、内向型人間が会議室にこもったり、イヤホンで外部の音を遮断することを許してください。

●目的をきちんと伝える

頭の中でいろいろ考えてしまう内向型人間は、意思表示や質問するのが苦手です。内向型人間に指示を出す場合は、単に指示だけを与えるのではなく、目的や意義も同時に伝えてください。目的や意義がわからなくても、もちろん仕事はできるのですが、それらを共有することでモチベーションが変わり、生産性は大幅に向上するはずです。

「こんなに気を使わなければいけないのか。面倒だな」と思われたかもしれませんが、内向型人間には、高い収入や地位など、外向型人間には欠かせない「外部から」の動機付けがそれほど必要ではない、というメリットもあります。そして何よりも、本書で解説しているように、内向型人間は外向型人間が持ち合わせていない強みをたくさん持っています。内向型と外向型の人間がタッグを組めば最強のチームを作れるかもしれません。

第六章

自分を知り、自分を受け入れるために

私が内向型の人々の相談に乗るのは、ご自身が内向型であることを知り、そのことを受け入れてもらうためです。この本を書いた動機も同じ。決して外向的に振る舞えるようになるためではありません。

言葉にするとこれだけですが、実際には簡単ではありません。ここまで本書を読んでくださった皆さんもまだ、内向型であるご自身に自信を持ててはいないかもしれません。

私はコーチングの中で、内向型であることに自信を持ってもらうために過去の成功体験を思い出してもらうワークをしているのですが、これもなかなかスムーズにはいきません。やはり世間の価値観が外向型をよしとしているせいで、内向型としての成功体験や強みに気づけないのです。

たとえば、内向型人間によくある、

・深くものごとを考えられる
・少しの刺激でも満足できる

・外部からの意見に左右されにくい

といった強みも、外向型を前提とする価値観で見てしまうと、

・考えることに時間がかかりすぎる
・刺激に弱く、疲れやすい
・お金や名誉でモチベーションを上げ辛い

という「弱み」として解釈されがちです。

百歩譲って、外向型人間が内向型人間の強みに気づけないのは、止むを得ないとしましょう。ですが問題はそこではなく、内向型人間本人が、自分の強みや成功体験に気づけずに自信を失ってしまう点にあります。時間をかけて記憶を掘り起こせば、実はたくさんの成功体験があるのですが、失敗の経験ばかりが記憶に残っている方も多いようです。

だから、あえて成功体験を引き出そうとしなければ、「今までうまくいかないことがばかりだった」という誤ったイメージから抜け出せない恐れがあります。

私が行なっているワークは、後程詳しく紹介しますが、

一、過去のうまくいった経験を紙に書きだす
二、本書で述べたような内向型の強みが活かせたケースを探す
三、それらのケースを分析し、内向型であることがどう活きたのかをまとめる

というものです（実際はもっと複雑ですが、簡単に説明するとこうなります）。このワークがうまくいくと、参加者さんは内向型であるご自身に自信を持ってもらえます。

ただ、一人で同じことをしても、あまりうまくいかないかもしれません。それほど、「外向的であれ」という社会からの刷り込みは強いのです。本を読んで漠然と理解した気になっても、行動に移すのは難しいでしょう。私がコーチングでワーク

をするように、実践することで内向型の性質と強みを実感していくしかありません。

そこで第六章では、ここまでご紹介した知見を踏まえ、私が実際に接した内向型人間の悩みの事例と具体的な指針、そして自信を持つためのワークをご紹介します。

内向型にありがちな認知の歪み

ケース一「職場でのコミュニケーションがうまくいかない」（二十代女性、会社員）

悩み：職場の会話に入っていけないし、入ろうと思えない。話題にも興味がないし、何を話したらいいかわからない。

彼女はご自身のことを「コミュニケーション能力が低い」と考えていましたが、私はそれは思い込みではないかと考え、まず、過去の人間関係についてヒアリングをしました。

すると、その結果、仲が良い人が数名いた（いる）ことがわかりました。決して友人がいなかったわけではないのです。自分のコミュニケーション能力を過小評価してしまう、内向型人間にありがちな認知の歪《ゆが》みです。

もっとも、これだけでは問題は解決しません。次に私たちは、仲良くなった人たちの共通項を探しました。コミュニケーション能力を発揮できるシチュエーションを絞り込むためです。

答えは簡単に見つかりました。彼女は服が好きだったのですが、彼女が仲良くなった友人たちも皆、ファッションに関心が強い人たちだったのです。また、友人たちとの会話もファッションが中心だったことがわかりました。

ここから読み取れるのは、彼女は、関心があるテーマが同じ相手に対しては、高いコミュニケーション能力を発揮できるということです。実際、社内でも関心が近い相手とはよく話せていることもわかりました。

私は彼女に、決してコミュニケーション能力が低い訳ではないこと、仲良くなれない人とは無理に親しくする必要はないこと、そして仲良くなれる人との関係や時間を大切にするようアドバイスしました。
このケースは、内向型人間のコミュニケーションの悩みではかなり典型的なので最初に取り上げてみました。「関心分野については盛り上がれる」「無理に興味がない相手と付き合うことはない」など、本書に書いた解決策が有効であることがわかります。

漠然とした不安と悩みを混同しない

ケース二「友人が少なくて不安」（三十代女性、専業主婦）
悩み：この頃、友人が少ないことで不安になる。将来、孤独になるのではないかと恐れている。

このような、とても漠然とした不安を抱えている人は少なくありません。不安だとおっしゃるこの方も、具体的に何がどう不安なのかはご自身でわかっていないようでした。

環境についてヒアリングをしていっても、どこにも問題はありません。立派な夫がおり、両親との仲も良く、決して数は多くありませんが友人もいます。また、家庭の外に定期的に顔を出すコミュニティもあるとのことで、十分な交友関係を確保できていることがわかりました。

さらに興味深いのは、ご本人も現在の交友関係に満足している点です。内向型人間らしく、決して多くの友人を持ちたいタイプではありません。それにも関わらず、「友人は多くなければいけない」と思い込んでしまい、そこに発する不安を膨らませてしまったケースです。このような方も少なくないようです。

これは重要なことですが、具体的な問題が生じている「悩み」と、漠然とした「不安」はまったく違います。この方の場合、悩みではなく不安に苛《さいな》まれていることがわかります。

悩みについては解決策を提示できますが、漠然とした不安については解決策を示しようがありません。しかし、不安の背景には思い込みがある場合が多いので、その思い込みを修正していけば、不安は徐々に和らぐでしょう。この方の場合は、「友人は多くなければ、外向的でなければ」という思い込みが不安に転じてしまったケースです。

このような不安に悩まされている方もいるかと思いますが、悩みを解決するように不安を「解決」しようとしてはいけません。不安の背後には誤った思い込みがあるため、解決方法もまた誤ってしまうからです。今回の女性がもし「友人が少なくて不安」という不安を「解決」しようと考えてしまったら、無理に知人を増やそうとし、消耗してしまうに違いありません。

一人でも大丈夫な場合も多い

ケース三「仲間が少ない」（三十代女性、WEBライター）
悩み：フリーランスなので、一人で過ごしてばかりいる。もっと人と関わりたいが、コミュニティに参加しても話が合う人がいない。

先ほどのケースに似ていますが、こちらは最近増えているフリーランスの方からの相談です。そしてやはり、話を聞いていくと、実は特に問題はないことがわかりました。仕事もたっぷりあるし、一人で作業をすることもまったく苦ではないと言います。

つまり、無理にフリーランス仲間を作る必要はないのです。私は彼女に、この本にあるような内向型人間の特性について説明をしました。すなわち、「量より質」。友人・知人の数は少なくても、深い関係が築けていれば問題ないということです。すると、不安に感じていたことは実は心配する必要がないことがわかり、安心してもらえました。

私の経験では、人間関係についての「悩み」は、実は解決する必要がない不安である場合が多いようです。そもそも不安になる必要はないのに、思い込みによって不安になってしまっているということです。

不安は「解決」するのではなく、根底にある誤った思い込みを修正すると心の中で納得できます。不安と悩みの混同は危険です。
しかしもちろん、悩みは放置せず、解決しなければいけません。そして内向型の悩みは、人間関係より仕事関係に多いようです。

マルチな人間を目指すべきではない

ケース四「仕事が多すぎる」（三十代男性、カメラマン）
悩み：撮影の依頼をほとんど断らず、毎日数件の撮影をこなしている。仕事が多いのはありがたいが、疲れている。しかし技術を磨くためにはもっと仕事を増やさなければいけない気がしている。

この方は、内向型人間に多いのですが、「～ねばならない」という思考のくせが前面に出ていました。「依頼を断ってはいけない」「仕事をたくさんこなさなければいけない」、などです。
しかし、その結果疲労してしまい、相談にいらしたのでした。頼まれごとをなんでも引き受けてしまい、それらの刺激によって疲れてしまうというパターンは、サラリーマンでも目立ちます。

私のアドバイスは、「仕事を減らし、好きなジャンルの撮影だけに絞ってみては？」というものでした。内向型の基本戦略である「好きな分野への選択と集中」を、カメラマンに応用したわけです。この場合、頼まれた撮影をすべてこなすのではなく、好きな分野の仕事に注力すれば高いモチベーションで仕事ができるのではないか、というものです。彼は少し不安そうではありませんでしたが、仕事を減らすと言ってくれました。

しばらく経ってからもう一度お話をすると、「一時的に収入は落ちたけれど、好きな分野のノウハウが蓄積でき、成長できた。結果的に単価も上がり、収入も上がった」とのことでした。また、仕事を楽しんでいるようでもありました。好きな分野の撮影だけをしているのですから、当然ではあります。

このケースは、思い込みを捨てて選択と集中を実行できた典型例です。内向型人間がマルチな方向性を目指すのはおすすめできません。

自分の望みを整理する

ケース五「異動したい」(四十代男性、会社員)
悩み：マルチタスクが多く、他の部門の人との仕事も多い今の仕事が内向型の自分に合っていないと感じる。異動を考えている。

今の職場が合っていない、という悩みをお持ちの方です。マルチタスクが多い今の部門ではなく、自分にしかできない仕事に集中できる部門に移りたい、とのことでした。ただ、場合によっては転職も必要ではないかとも考えているようでした。

まず、現在の部門が内向型の彼に合っていないことは間違いありません。マルチタスクを要求される上、他分野の人との接触も多い。疲れてしまうに違いありません。

しかしながら、問題が一つありました。色々と考えてはいるようなのですが、自分が何をしたいのかがあまりはっきりとしないのです。

そこで私は、自分の価値観や望んでいることを整理し、はっきりさせることをすすめました。何を望んでいるのかがわからなければ、どうすればよいかが決まるはずがありません。

内向型人間は、思考は得意なのですが堂々巡りになってしまう場合も少なくありません。短期記憶が苦手であることも関係しているでしょう。したがって、本書で何度か書いたように、思考をノートやＰＣなどにアウトプットしながら考えを進めたほうがいいでしょう。

結局彼は業務が細分化され、専門家として仕事ができる部署に異動することにしたそうです。自分はスペシャリストになることを望んでいることに気づいたからです。

転職の前に考えるべきこと

ケース五のように、内向型の人の中にはよりよい環境を求めて転職や異動、独立を考えている方も少なくありません。

たしかに、終身雇用などの制度が崩れつつある今の時代、転職や独立は有力な選択肢です。私も独立したからこそ今がありますし、独立をして正解だったのは間違いありません。

ですが、単に「うまくいかない！」「仕事・環境が自分に合わない」というだけの理由で転職するのは危険です。どんな会社、どんな職であれ、世の中では外向型が主流であることは変わりません。もし転職を考える理由が、あなたが内向型であることにある場合、どこに転職をしても状況は好転しない可能性が高いのです。

したがって私は、転職や独立を考えている人には、まずは内向型の強みを活かす方法を身に着けることをすすめています。それでも職場が合わないなら、そのあと転職を考えればよいのです。いきなり転職を考えると、いたずらに転職を繰り返してキャリアが築けない「ジョブホッパー」になってしまいます。

具体的に意識してほしいのは、

・本書で紹介してきたような内向型の強みを知ること
・外向型の価値観に流されず、自分ならではの価値観を取り戻すこと
・自分が内向型であることを踏まえ、内向型に向いたやり方で仕事をすること

この三点です。逆に述べると、この三点を意識せずに転職をしても、間違いなく同じ壁に突き当たってしまうでしょう。

七つの刺激に注意する

ケース六「疲労がたまる」(二十代女性、メーカー)
悩み：仕事から帰ると、疲れから何もできない。体調には問題ないが、とにかく疲れてしまう。

この女性は、仕事でとにかく疲れてしまうという悩みを抱えていました。ご自身が内向型人間であることは間違いなく、健康状態も良好。にもかかわらず、異様に疲れるということでした。

この場合は当然、刺激を減らすべきです。ただ、漠然と「刺激を減らしてください」とだけ伝えてもどうすればよいか迷ってしまう恐れがあるので、より具体的なやり方を伝えました。

　それは、刺激を七つに分類して、一つひとつ対策を立てる方法です。七つの刺激とは、

一、音
二、予定
三、人づきあい
四、思考
五、食
六、選択
七、光（視界）

です。順番に解説しましょう。

五五デシベルが心地よい

一の「音」に対しては、イヤホンをつけて騒音を和らげるようすすめました。ある研究によると、内向型人間がもっとも集中できる環境は、五五デシベルくらいです。五五デシベルというと、図書館くらいです。一方の外向型人間は、七二デシベルくらいをもっとも好むことがわかっています（『内向型人間のすごい力』、スーザン・ケイン、講談社）。これは、騒々しいカフェくらいです。

かなりの違いがあることがわかるでしょうか？　外向型人間を基準とする環境では、内向型人間が集中できず、音で疲れてしまうのは無理もありません。

しかし音を流さずにイヤホンをすると、騒音を二〇～三〇デシベルほど減らせることがわかっています。かなり騒々しい環境でも、内向型人間に問題のないレベルの静けさを手に入れられるということです。イヤホンは必須です。

二の「予定」と三の「人づきあい」を減らす必要があるのは本書で繰り返し書いた通りですが、四の「思考」も刺激であることを忘れないでください。確かに内向型人間は思考が得意なのですが、思考によって疲れるのも事実です。

　この場合も、ノートなどにアウトプットすると効果的です。アウトプットとは、いわば脳の外にいったん思考を吐き出すことですから、脳から刺激が減るのです。また、瞑想などで脳を休める必要があるのも言うまでもありません。

食にも刺激がある

　五の「食」は少し意外かもしれません。ここで問題にしたいのは、カフェイン、糖質、そして依存性のある食べ物のことです。これらは内向型人間を疲れさせます。

　まずカフェインですが、内向型人間はカフェインへの感受性が高い、つまりカフェインが効《き》きやすいことがわかっています。よく効くならいいではないか、と思われそうですが、そうではありません。少量のカフェインなら覚醒作用がプラスに作用するのですが、コーヒーにして二杯程度のカフェイン（一二〇mg程度）を摂取した内向型人間は、作業効率が低下してしまうのです。

　コーヒー好きの方はカフェインレスのコーヒーを会社に置いておくのも手です。また、紅茶や煎茶にも、コーヒーの三〜五割程度のカフェインが含まれているので、飲み過ぎには要注意です。

次に糖質です。砂糖やご飯、パンなどの糖質を摂《と》ると、一時的に血糖値が上がり、一時間ほどしてから下がりはじめます。このとき、血糖値の下がり方が激しいと、イライラや集中力減退などの症状が生じることがわかっています。これらは、刺激になります。

血糖値の下がり方を穏やかにするためには、上がり方を穏やかにする必要があります。したがって、血糖値が急激に上がるGI値の高い食品（白砂糖、白米、パンなど）を避け、低GI値の食品（玄米、全粒粉、そばなど）を摂るようにしてください。

最後に、スイーツなど依存性がある食べ物も、ほどほどにしましょう。一口食べたら止まらなくなるような「美味しさ」は、強い刺激です。たまのご褒美に問題はありませんが、摂り過ぎは心理的な疲れに繋がる恐れがあります。

人は一日に三万五〇〇〇回選択する

六の「選択」は、八七ページに書いた通りです。食べるものや着る服を選ぶことは、内向型人間には刺激です。ある調査では、人間は一日に三万五〇〇〇回もの選択に迫られているそうです（Sahakian & amp; Labuzetta, 2013）。そのすべてをなくすことは不可能ですが、仮に半分にすることができれば、数千回ぶんもの選択による疲れをなくせるということです。

七の「光（視界）」の異物にも注意してください。部屋の光量は落とし気味にし、スマートフォンは、夜はナイトモードに切り替わるように設定しましょう。ＰＣ作業が多い方は、ブルーライトカット眼鏡も効果的です。

第三章で本棚にカーテンをかけて視覚刺激を減らす方法を紹介しましたが、同じように、ごちゃごちゃとしたものが視野に入るのは疲労に繋がります。特に職場でよくあるケーブル類は、まとめるか見えない場所に動かすと、かなり気分がすっきりするはずです。

このように、刺激を減らす際には刺激をいくつかのカテゴリーに分け、一つひとつチェックしていくと効果的です。現代社会はあまりに刺激に溢れているため、漠然と

「刺激を減らそう」と思っているだけでは、刺激に気づかないかもしれません。

「モーニングページ」で脳の掃除

脳をスッキリさせるという意味では、頭の中にごちゃごちゃと溜まっている考え事や不安を、定期的に吐き出すことも必要です。

私は毎朝、「モーニングページ」という方法で脳を掃除しています（『ずっとやりたかったことを、やりなさい。』、ジュリア・キャメロン、サンマーク出版）。これはノートに向かい、なにも考えずに頭に入っていることをひたすらに書きなぐる方法です。

誰にも見せないノートなので、ネガティブな秘密も書いてもかまいません。「お金がもっと欲しい」「なんか膝が痛いな」「昼はラーメンが食べたい」「今日のプレゼンが怖い」「最近、彼女が冷たい気がする」など、何でも構いませんから、とにかく考えていることを文字にするのです。

書くだけですから、悩みが解決するわけではありません。しかし、やってみるとわかるのですが、不思議と頭がスッキリし、不安がなくなるはずです。脳から余計な思考を排除できるからでしょう。考えることを絞りたい、内向型人間向きのノート術です。

内向型は先延ばしにする!?

ケース七「先延ばしにしてしまう」（三十代女性、メーカー）
悩み：仕事のタスクを、つい先延ばしにしてしまい、締め切り直前にならないと手を付けられない。ちゃんとやらなければいけないとは思うのですが……。

ギリギリにならないとやる気にならないのは内向型に限りませんが、内向型の人の場合、先延ばしにしてしまう理由は外向型人間とは異なるかもしれません。

この相談者が「ちゃんとやらなければ」と言っている点がヒントです。内向型人間はものごとを深く考えがちなので、目の前のタスクに対しても不必要に様々なことを考えてしまい、結果、取り組みが遅くなるのです。

この方も、仕事に取り組むことに不安や怖さを感じるせいでスタートが遅くなると言っていました。それはつまり、深く考えすぎているのです。

もちろん熟考できることは内向型人間の強みですから、否定する必要はありません。そうではなく、九五ページで解説したように、タスクを簡単な作業にまで細分化して優先順位をつけ、一つひとつ消化していきましょう。

言葉の裏を読まない

ケース八「人に頼りにくい」（三十代女性、会社員）
悩み：仕事で困ったときに、周囲に助けを求めることを躊躇してしまいます。迷惑じゃないかと思うからです。実際はそこまで迷惑ではないかもしれませんが……。

「人に頼みにくい」「声をかけにくい」といった特徴も、内向型に多いと思います。私自身もそうで、上司に質問をしたくなったときにも、嫌がられはしないかとずいぶん思い悩んだものです。

なぜ内向型に多いと私が考えたかというと、このような遠慮をしてしまう心理の背景には、「深読み」があるからです。

たとえば、何か頼みごとをした相手に「ごめん、今は忙しいんだ」と断られたとします。このとき、ちょっとした情報から様々なことを考える内向型人間は、「怒っているのかな」「自分は甘えすぎかもしれない」などと、過剰に考えを巡らせてしまいがちです。すると不安になり、人に声をかけにくくなってしまいます。

考えすぎを避けるためには、相手の言葉を、字面通りに受け取る習慣をつけるとよいでしょう。「忙しい」と相手が言ったら、「なるほど、忙しいんだな」とだけ解釈すればいいのです。言葉の裏を読もうとするから、余計な不安にかられてしまうのです。

解釈はほどほどにして、言葉は字面通りに、事実は単なる事実として、淡々と受け取ることも必要です。

選択と集中で見えてくるもの

人づきあいを減らすのも、刺激を減らすのも、内向型の基本戦略である「選択と集中」のうちですが、「選択と集中」には、本当に大切なものが理解できるというメリットもあります。

たとえば人づきあいを減らしていくと、「ああ、○○に会いたい」と寂しさを感じることがあります。そのように、心から会いたいと感じた人こそが本当に必要な人です。以前、妻が帰省していたときのことです。しばらく経つと、普段はあまり人恋しくならない私が妻に会いたくなってきました。それは、妻が私にとって大切な人だということです。

毎日たくさんの人に会っていると、どの人が本当に大切な人なのかを見失いがちです。しかし数を絞っていくと、自分にとって必要なものが見えてくるでしょう。同じことは予定やモノにも言えます。刺激に囲まれる生活は、本当に必要なものを見失わせる恐れがあるのです。

自分を知り、自信を持つためのワーク

いくつか事例を見たところで、いよいよ、読者が自分自身を知るためのワークに取り掛かりましょう。あなたはどのような内向型人間で、どうすれば自信が持てるのでしょうか？

まず、書くものを用意してください。ノートでもパソコンでも構いません。次に、今までの人生を振り返り、楽しかった記憶をいくつか、書きだしてください。

ここで注意しなければいけないのは、書きだすのは「楽しかった経験」であって、「成功した事例」ではない点です。

今の社会の価値観で「成功した事例」を探してしまうと、「外向的に振る舞えたこと」を探し始めてしまう方が少なくありません。そうではなく、あくまで自分が楽しかったこと、心地よかったことです。

なんでもかまいません。小学校の演劇、おじいちゃんと行った釣り、サッカー部の試合、受験がうまくいったこと、はじめての恋人、会社のプロジェクト……。焦らず、じっくりと探せば楽しかった記憶はたくさん見つかるはずです。

次に、書きだした楽しかった経験を分析し、楽しめた理由を特定しましょう。たとえば一七五ページでご紹介したケース一の女性は、自分と同じファッション好きの相手とは楽しい時間を過ごせていた、すなわち相手と関心が同じだったことが楽しめた理由であることがわかります。

同じように、たとえば学校の成績が急に良くなった理由は、相性のよい先生と出会い、興味が持てる科目ができたからかもしれません。会社のプロジェクトを成功させられたのは、雑用を部下に任せ、一つのタスクに集中できたからでした。このように、楽しめた理由、うまくいった理由を探ると、必ずどこかに内向型人間の強みを活かせたポイントが見つかるはずです。

そこにこそ、内向型人間としてのあなたが、人生を豊かにする秘密が潜んでいます。

自分を知り、強みを活かす

内向型という性格は、良くも悪くもありません。それ自体は、一つの個性に過ぎません。

ですから、強みと弱みは表裏一体です。外向型人間には得意なことと不得意なことの両方があるように、内向型人間にも強みと弱みがあります。弱点を見つめることも大事ですが、どうせなら、強みを活かして生きたほうが楽しいのではないでしょうか？

しかし、困ったことに今の世の中には内向型人間についての情報が不足しています。だから、まずは自分が内向型人間であることを知り、次に内向型人間の特徴を理解し、最後に内向型の特性を活かす方法を見つけてください。私が本書で伝えたいことは、以上に尽きます。

内向型の時代がやってきた

自分が内向型であることを知ったことで、少なくとも私の人生はとても楽になりました。

内向型であることに気づいた私は、余計な物を捨てました。不要な持ち物は刺激になるためです。一年以上着ていない服、買ったけれど読んでいない本はすべて、売るか捨てるかしました。こうするだけで、かなり気分は楽になりました。

また、自分の部屋に置くものも絞り込みました。今の私の四畳半の部屋には机とテーブル、本棚がそれぞれ一つずつあるだけで、あとは何もありません。本棚にはカーテンをし、コード類は見えないようにまとめています。財布や腕時計などの小物は、壁の視線よりも上の位置に置くようにしました。こうして視界から余計な物を減らすだけで、集中力はかなり増します。

独立してフリーランスになったこともプラスでした。基本的に家で仕事をするため通勤のストレスがありません。少し気分を変えたいときはカフェで仕事をしますが、できるだけ人が少なく、落ち着ける店にしています。騒々しいカウンターではなくテーブル席に座れ、仕切りによって隣のテーブルと隔離され、ＢＧＭがうるさすぎない「コメダ珈琲」がお気に入りです。

仕事や予定を自分で選べるのもフリーランスのいいところです。やりたくない仕事を無理にやる必要はありませんし、疲れそうな予定のあとには回復する時間を設けられます。話が合わない人と気が乗らない雑談をする機会も減りました。あと、仕事のやり方も内向型向きにしています。打ち合わせは基本的にオンラインで行ない、情報発信ももちろんネットが中心です。ちなみに、私のホームページは内向型の人々を刺激で疲れさせないよう、目にやさしい色を中心にしています。

こうやって毎日を過ごしている私は、時代が内向型に向いてきたことを日々実感しています。ＳＮＳに代表されるネットの普及や終身雇用制度の崩壊で働き方が多様化し、内向型人間に適した働き方を選べるようになりました。また、ネットやデジタル機器の普及は、内向型人間の弱みを補強し、強みをさらに伸ばしてくれます。

こんな時代に、内向型である自分を隠す必要はありません。自分自身が内向型であることを知り、内向型に向いた生き方をしてください。

まとめ

●自分自身を知るために、楽しかった記憶を振り返り、楽しめた理由を考える
●不安と悩みは別物。不安は解決せず、原因を考える
●考えや不安はノートに書いて、頭の外に出す

おわりに

「みにくいアヒルの子」という童話があります。

自分の容姿が周りのアヒルのひなとは異なっていることに悩み、劣等感を持っていた一羽のひなが成長し、やがて、自分はアヒルではなく白鳥だったことに気づく物語です。

内向型人間は、この童話の主人公に似てはいないでしょうか。「自分はなにか違う」「周囲より劣っているのではないか」という、誤った思い込みに悩まされているからです。

しかし童話の主人公が自分の正体を知って幸福になったように、内向型人間も自分の性格を理解することができれば、自分自身を愛せるようになるでしょう。私が自分が内向型であることを知って一番よかったと思うのは、自分を好きになれたことです。

本書を読み終わったら、ぜひ、恋人やご家族、友人などにプレゼントしてみてください。あなたという人間をより深く理解する手助けになるでしょう。

こうして、本書が少しでも、日本社会が「内向型人間」という存在を理解する手助けになれば幸いです。

アヒルにも白鳥にも優劣はありませんが、自分をアヒルだと思い込んでいる白鳥は、生き辛いに違いありません。本書を読んでくださったみなさんが、内向型の性格は弱点ではないこと、強みにもなることに気づかれるのを願っています。

二〇二〇年一月

カミノユウキ

参考文献

『エッセンシャル思考 最少の時間で成果を最大にする』　グレッグ・マキューン著　高橋璃子訳（かんき出版）

『MBTIへのいざない―ユングの「タイプ論」の日常への応用』　ロジャー・R・ペアマン、サラ・C・アルブリット（JPP）

『ささいなことにもすぐに「動揺」してしまうあなたへ。』　エレイン・N・アーロン著　冨田香里訳（SBクリエイティブ）

『自由であり続けるために 20代で捨てるべき50のこと』　四角大輔（サンクチュアリ出版）

『ストレスを操るメンタル強化術』　メンタリスト DaiGo著（KADOKAWA）

『すべての仕事は10分で終わる　マルチタスクでも仕事がたまらない究極の方法』　森川 亮（SBクリエイティブ）

『世界のエリートがやっている　最高の休息法――「脳科学×瞑想」で集中力が高まる』　久賀谷 亮（ダイヤモンド社）

『内向型人間のすごい力　静かな人が世界を変える』　スーザン・ケイン著　古草秀子訳（講談社）

『"内向型"のための雑談術―自分にムリせずラクに話せる51のルール』　渡瀬 謙（大和出版）

『内向型を強みにする』　マーティ・O・レイニー（パンローリング）

切りとり線

★読者のみなさまにお願い

この本をお読みになって、どんな感想をお持ちでしょうか。祥伝社のホームページから書評をお送りいただけたら、ありがたく存じます。今後の企画の参考にさせていただきます。また、次ページの原稿用紙を切り取り、左記まで郵送していただいても結構です。

お寄せいただいた書評は、ご了解のうえ新聞・雑誌などを通じて紹介させていただくこともあります。採用の場合は、特製図書カードを差しあげます。

なお、ご記入いただいたお名前、ご住所、ご連絡先等は、書評紹介の事前了解、謝礼のお届け以外の目的で利用することはありません。また、それらの情報を6カ月を越えて保管することもありません。

〒101-8701（お手紙は郵便番号だけで届きます）
祥伝社　新書編集部
電話03（3265）2310
祥伝社ブックレビュー　www.shodensha.co.jp/bookreview

★本書の購買動機（媒体名、あるいは○をつけてください）

＿＿＿＿新聞の広告を見て	＿＿＿＿誌の広告を見て	＿＿＿＿の書評を見て	＿＿＿＿の Web を見て	書店で見かけて	知人のすすめで

★100字書評……内向型人間だからうまくいく

名前

住所

年齢

職業

カミノユウキ　かみの・ゆうき

内向型プロデューサー。1989年、大阪府生まれ。神戸大学医学部保健学科卒業。神戸大学大学院保健学研究科修了。医療機器メーカーで働くなか、自分が内向型人間であることに気づき、独立。内向型な性格の人を対象としたオンライン講座や講演を行ない、SNSで内向型に関する情報を発信している。

・公式ブログ　kaminoy.com

・Twitter　@YukiKamino

内向型人間《ないこうがたにんげん》だからうまくいく

カミノユウキ

2020年2月10日　初版第1刷発行

発行者……………………辻 浩明

発行所……………………祥伝社《しょうでんしゃ》

〒101-8701　東京都千代田区神田神保町3-3

電話　03(3265)2081(販売部)

電話　03(3265)2310(編集部)

電話　03(3265)3622(業務部)

ホームページ　www.shodensha.co.jp

装丁者……………………盛川和洋

印刷所……………………萩原印刷

製本所……………………ナショナル製本

Printed in Japan　ISBN978-4-396-11594-4　C0211